Nouvelle formule

Collection dirigée
par Gérard Vigner

Jean-Marc Mangiante
et Chantal Parpette

Le Français sur Objectif Spécifique :

de l'analyse des besoins à l'élaboration d'un cours

www.hachettefle.fr

Collection F
Dirigée par Gérard Vigner

• Titres parus ou à paraître

La collection F s'adresse aux enseignants et aux formateurs de FLE. Elle articule pratiques de terrain et réflexion théorique pour aider les enseignants à faire face à la variété des situations d'enseignement et à rechercher des solutions pédagogiques pertinentes.

Apprendre et enseigner avec le multimédia, N. Hirschprung
Certifications et outils d'évaluation, B. Sampsonis, F. Noël-Jothy
Culture linguistique et culture éducative, J.-M. Robert
Élaborer un cours de FLE, J. Courtillon
Enseigner la prononciation du français, B. Lauret
L'enseignement en classe bilingue, J. Duverger
L'évaluation en FLE, C. Veltcheff, S. Hilton
La grammaire en FLE, G. Vigner
Le français sur objectif spécifique, J.-M. Mangiante, C. Parpette

Hors-série
L'enseignement des langues étrangères, L. Porcher
Professeur de FLE, F. Barthélemy

• Disponibles en format numérique

Les dimensions culturelles des enseignements de langue, J.-C. Beacco
Une grammaire des textes et des dialogues, S. Moirand
Lectures interactives, F. Cicurel

• Sur le site www.hachettefle.fr

➤ Recevez la lettre d'information F « Didactique » 2 fois par an, en vous inscrivant sur le site
➤ Consultez le résumé et le sommaire des titres

Collection Pratiques de classe

Elle s'adresse aux enseignants et aux formateurs de FLE, débutants ou confirmés. Elle propose des démarches et des activités qui sont le résultat de l'expérience d'enseignants de FLE.

De la vidéo à Internet : 80 activités thématiques, T. Lancien
Exercices systématiques de prononciation française, M. Léon
Jouer, communiquer, apprendre, F. Weiss
Photos-expressions, F. Yaiche
Techniques dramatiques, A. Cormanski

Conception graphique et couverture : Amarante
Réalisation : Médiamax
Secrétariat d'édition : Charlotte Thénier

ISBN : 978-2-01-155382-9

SOMMAIRE

Introduction

Le Français sur Objectif Spécifique dans le champ de la didactique du Français Langue Étrangère

Pour aborder la question de la place de l'enseignement du Français sur Objectif Spécifique (FOS) dans le champ de la didactique du FLE, il peut être bon de partir de l'analyse de deux situations opposées d'enseignement des langues vivantes étrangères :

– La première, celle qui touche le plus grand nombre d'apprenants dans le monde, est celle de l'institution scolaire, école secondaire surtout, parfois primaire. Les élèves suivent un enseignement extensif de quelques heures par semaine, durant plusieurs années, avec un programme à orientation large. L'objectif fondamental est celui de la formation de la personne au même titre que les mathématiques ou la géographie. C'est une forme d'enseignement qui est qualifiée de « généraliste ».

– La seconde est celle des demandes spécifiques émanant du monde professionnel : tel hôtel international d'Alep, en Syrie, ou de Porto Alegre, au Brésil, s'adresse au Centre culturel français pour former rapidement certaines catégories de personnel à communiquer avec les touristes francophones ; des étudiants d'archéologie en Jordanie souhaitent acquérir des connaissances en français pour pouvoir échanger avec les chercheurs français lors de campagnes de fouilles dans leur pays. Récemment, le gouvernement français a décidé de faire appel à plusieurs milliers d'infirmières espagnoles pour compenser le manque de personnel dans les hôpitaux français ; celles-ci doivent suivre une formation pour améliorer leur compétence linguistique avant d'intégrer leurs lieux de travail. Le même type de situation existe dans l'enseignement supérieur : les étudiants non francophones faisant leurs études en France doivent perfectionner rapidement leurs compétences linguistiques pour atteindre leurs objectifs universitaires.

Dans le second type de situation, il arrive que des personnes soient mises dans la nécessité d'apprendre une langue qui n'a jusqu'alors jamais fait partie de leur formation ni de leurs projets. Ce sont les hasards de la vie professionnelle ou universitaire qui les mettent un jour en situation d'apprendre le français. C'est ainsi que la plupart des nombreux étudiants chinois candidats à des études en France n'ont jamais étudié le français à l'école secondaire. C'est leur projet de venue en France qui détermine leur besoin d'apprentissage et c'est à partir du moment où ils décident de s'expatrier qu'ils s'inscrivent à un cours intensif dans un centre de langue. Ce public, adulte, professionnel ou universitaire, sans formation au français ou avec une formation à perfectionner, a des objectifs d'apprentissage précis, clairement identifiés, qu'il doit atteindre dans un laps de temps limité dépassant rarement quelques mois.

La précision de l'objectif et la contrainte temporelle conduisent à mettre en œuvre des programmes d'enseignement différents de ceux qui prévalent dans un enseignement généraliste. L'urgence implique souvent un enseignement intensif et portant sur des contenus strictement délimités par les objectifs professionnels visés. Dans la version optimale du FOS, cela nécessite un traitement au cas par cas, c'est-à-dire l'élaboration d'un programme adapté à chaque demande. Cette perspective modifie largement le rôle de l'enseignant, qui devient alors concepteur d'un matériel pédagogique nouveau.

La mise au point d'un programme de FOS suppose de la part de l'enseignant une construction assez complexe, coûteuse en temps et en énergie, et ce pour deux raisons au moins :

L'entrée dans un domaine inconnu

Contrairement à un enseignement de français général dans lequel les situations de communication et les discours sont familiers à l'enseignant parce qu'ils sont choisis dans ce qui constitue une expérience commune, l'élaboration d'un programme de FOS exige assez souvent d'entrer dans un domaine peu connu de l'enseignant de langue, comme nous le verrons plus loin à travers les exemples proposés. Prenons un seul exemple ici pour étayer cette affirmation : que sait un enseignant de ce qui se passe dans une coopérative agricole française et des situations qu'y rencontreront des agriculteurs ukrainiens venus y faire un séjour de six mois ? Sans doute rien ou presque, et pourtant il peut être amené à construire un programme de formation linguistique de cet ordre, compte tenu de certains accords de coopération passés entre la France et les États de la CEI[1]. L'élaboration d'un programme de FOS suppose donc pour l'enseignant-concepteur d'entrer en contact avec un domaine professionnel nouveau pour lui, pour y découvrir ses acteurs, les situations qu'ils vivent, les échanges langagiers qu'ils y produisent, etc. Selon les cas, il peut avoir avec les situations visées une certaine familiarité qui lui fournira certes une partie des données mais ne suffira pas à le dispenser d'un travail de terrain.

La difficulté à adapter le matériel disponible sur le marché

Le caractère très spécifique de chaque programme exigeant une élaboration au cas par cas, il est généralement peu envisageable d'avoir recours à du matériel pédagogique existant sur le marché. En effet, plus la manière de travailler est spécifique, moins le matériel élaboré est transférable dans sa totalité. Il existe, certes, des manuels de « français de spécialité » (dans le domaine du tourisme, du droit et surtout des affaires) dans lesquels il est possible de trouver une séquence de cours ou quelques documents à intégrer dans un programme de FOS relevant du même domaine, mais c'est une pratique qui reste marginale. L'enseignant doit donc construire lui-même son programme et son matériel pédagogique.

Une démarche en 5 étapes

À partir du moment où émerge un projet de FOS jusqu'au moment où se déroule la formation, se construit un processus assez long qui peut être schématisé en 5 étapes :

• 1re étape : La demande de formation

Un organisme demande à l'institution d'enseignement d'assurer un stage linguistique à un public particulier, avec un objectif précis de formation, dans des conditions particulières de durée, d'horaires, voire de coût, etc.

• 2e étape : L'analyse des besoins

L'enseignant (ou l'équipe d'enseignants) chargé de la formation essaie de déterminer les besoins de formation, c'est-à-dire les situations de communication auxquelles seront confrontés les apprenants et donc

1. Communauté des États indépendants, issue de l'ex-Union soviétique.

les connaissances et les savoir-faire langagiers qu'ils auront à acquérir durant la formation. Cette opération se réalise en plusieurs temps : au tout début du processus, dès que la demande de formation est formulée, puis de façon régulière, au fur et à mesure que le concepteur découvre les situations visées.

• 3e étape : La collecte des données

En fonction de la demande, l'enseignant connaît plus ou moins bien les situations cibles sur lesquelles il aura à travailler. Pour construire le programme de formation, il lui faut entrer en contact avec des acteurs du milieu concerné, s'informer sur les situations de communication, recueillir des informations, collecter des discours. Cette étape réactive l'analyse des besoins dans la mesure où elle permet de confirmer les hypothèses faites par l'enseignant, de les compléter, voire au contraire de les modifier considérablement.

• 4e étape : L'analyse des données

Pour l'enseignant-concepteur, le degré de familiarité avec les situations cibles est différent d'un cas à l'autre. Les prévisions qu'il peut faire sur les contenus de formation varient dans les mêmes proportions, d'où la nécessité d'analyser attentivement les données recueillies pour connaître les composantes des situations de communication à traiter. Une grande partie des discours collectés sont nouveaux dans le cadre de la didactique des langues et n'ont pas fait l'objet d'analyse. Il faut donc s'interroger sur leurs contenus et leurs formes.

• 5e étape : L'élaboration des activités

À partir des données collectées et analysées, l'enseignant envisage les situations de communication à traiter, les aspects culturels à étudier, les savoir-faire langagiers à développer en priorité, et construit les activités d'enseignement.

C'est la mise en œuvre de cette démarche que les auteurs se proposent de présenter dans cet ouvrage, en s'appuyant sur des cas réels et diversifiés qu'ils ont eu à traiter au cours de leur activité professionnelle, ou dont ils ont eu connaissance.

Pour permettre au lecteur de suivre la mise en place progressive de la démarche, chaque étape s'appuie sur les mêmes cas de base. Ces cas présents de façon récurrente sont complétés par d'autres, évoqués de façon plus ponctuelle, pour compléter la réflexion, par similitude, ou au contraire par contraste. Le but est en effet de montrer la grande diversité de cas relevant de cette problématique, et surtout les diverses déclinaisons que celle-ci peut connaître en fonction de conditions chaque fois différentes.

Une approche réflexive pour le lecteur

Il serait paradoxal dans un ouvrage traitant de l'adaptation de l'offre à la demande de proposer une démarche rigide. Notre objectif est d'amener les enseignants à maîtriser la conception de programmes de Français sur Objectif Spécifique, d'une part en se familiarisant avec une démarche globale, d'autre part en menant une réflexion sur l'adaptation de cette démarche-type à leurs situations particulières. Le modèle mis au point en FOS, fondé sur l'**analyse des besoins**, la **collecte de données** et l'**élaboration de cours** est un modèle exigeant dans sa version idéale. Selon que le concepteur se trouve en milieu francophone ou non, selon les contacts qu'il est en mesure ou non d'établir avec les milieux professionnels, selon les délais et les moyens matériels dont il dispose, sa marge de manœuvre est plus ou moins large. L'important pour lui sera d'analyser ce qu'il peut réaliser en fonction des possibilités et des contraintes qui sont les siennes. C'est pourquoi nous avons opté dans cet ouvrage pour une démarche réflexive. Différentes activités de réflexion sont proposées au lecteur :

- Des questions sur son propre environnement en matière de FOS
- Des études de cas
- Des commentaires critiques

Celui-ci peut analyser les cas auxquels il est ou a été confronté, étudier les similitudes et les différences avec les cas étudiés. Il peut ainsi progressivement se constituer un outil de réflexion et d'élaboration didactique. Pour certaines de ces questions, des réponses lui sont proposées lui permettant ainsi de les confronter à ses propres solutions.

Par ailleurs, à la fin de chaque étape, est proposé sous forme de *mode d'emploi* un récapitulatif des démarches principales à opérer pour la mise en œuvre de la méthodologie présentée.

I

LE POINT DE DÉPART DES PROGRAMMES DE FOS : UNE VARIÉTÉ DE CAS

La mise en place d'un programme de FOS peut être le résultat de *deux démarches* très distinctes. Elle peut répondre à la *demande* d'un client qui exprime un besoin de formation ou, inversement, être une *offre* proposée par un centre de langue dans son catalogue de formations à un public large et diffus.

1. Des demandes précises

La demande de formation peut être très précise lorsqu'elle réfère à une situation existante ou à un projet en cours d'élaboration, comme le montrent les exemples suivants :

A. Agriculteurs ukrainiens

En 1998, le programme européen TACIS (Technical Assistance for Community of Independent States) a vu le jour en Ukraine, visant la restructuration de l'agriculture. L'objectif est d'envoyer des agriculteurs ukrainiens en France pour un séjour de six mois dans différentes exploitations agricoles, afin qu'ils puissent en découvrir l'organisation.

Ces agriculteurs doivent pour cela acquérir en un temps très court une compétence linguistique opérationnelle. Ils suivent une formation linguistique intensive de quelques mois dans leur pays d'origine.

B. Juristes cubains

En 2002, un Institut de droit comparé cubano-français a été ouvert à La Havane. Il est destiné à assurer la formation continue de juristes cubains (procureurs, avocats, etc.) détachés par leurs institutions respectives pendant deux ans. Après une formation linguistique, ils assistent à des séminaires et des conférences de droit assurés par des juristes français se rendant à Cuba pour de courtes périodes.

C. Chercheurs agronomes égyptiens

En 1992, l'unité laitière d'une faculté d'agriculture égyptienne a entamé une recherche sur le contrôle et l'amélioration de la qualité du lait et sur les procédés de conservation des produits laitiers. Une formation linguistique pour les chercheurs de cette unité a été élaborée, dans le but de faciliter les relations scientifiques avec des laboratoires français et de permettre l'envoi en France d'un chercheur, chargé d'étudier la mise au point d'un gène favorisant la conservation des fromages.

D. Personnels hôteliers jordaniens

En 1997, dans le cadre du développement touristique du pays, un programme de formation linguistique en français pour le personnel de l'hôtellerie et celui de la restauration a été mis en place dans des hôtels internationaux. Le professeur assurait son cours à l'ensemble des employés (réceptionnistes, personnel de chambre, serveurs, maîtres d'hôtel, etc.) sur leurs lieux de travail.

E. Étudiants syriens

Les accords de coopération universitaire passés entre la France et des partenaires étrangers se traduisent souvent par l'attribution de bourses pour des études en France. C'est le cas depuis quelques années avec la Syrie, qui envoie chaque année entre 100 et 200 étudiants ou enseignants en DEA et doctorats dans toutes les disciplines. Ceux-ci suivent en Syrie une formation linguistique de 400 à 500 heures.

Ce cas précis appartient à un groupe très large et diversifié sur lequel il est intéressant de s'arrêter. Il s'agit de publics ayant à s'insérer dans le système scolaire français ou *en* français. Outre le cas évoqué ci-dessus, voici d'autres exemples :

• Les étudiants non francophones venant faire des études en France avec une compétence variable en français. Une partie d'entre eux s'inscrit à une formation linguistique dans un centre de langue préalablement à leur inscription à l'université ; d'autres entrent directement à l'université et assistent à un cours de français en même temps que leur formation disciplinaire.

• Les étudiants suivant dans leur propre pays des enseignements universitaires en français après avoir fait leurs études secondaires en langue locale (Maroc, par exemple), ce qui les met dans une situation linguistique difficile. Un enseignement de français leur est dispensé parallèlement à leurs études disciplinaires. Il en va de même pour les étudiants ou élèves inscrits dans des filières bilingues (Allemagne, Europe centrale, Vietnam, etc.) dont une partie des cours est en français.

• Les élèves nouvellement arrivés en France (ENAF), enfants ou adolescents non francophones suivant une scolarité obligatoire, primaire ou secondaire. Selon les cas, ils sont intégrés totalement dans une classe de FLE ou assistent à quelques heures de cours de FLE par semaine et au reste des enseignements avec les élèves français.

2. Des offres sans demande précise

Les cas décrits plus haut constituent les programmes les plus simples à concevoir – ce qui pour autant ne signifie pas simples à mettre en œuvre. L'existence d'une demande réelle offre des points de repères précis qui orientent clairement les choix à faire en matière de formation. Mais, parallèlement à ce type de demandes, il existe des situations qui ne s'inscrivent pas de façon aussi rigoureuse dans ce schéma. De nombreuses Alliances françaises, Instituts français ou autres centres de langue proposent des cours de français médical, de français juridique, de français de l'entreprise, etc. Le CNED[1] a mis sur le marché, depuis le début des années 1990, une quinzaine de cours de français spécialisé, et les cours de français des affaires connaissent un succès qui semble ne pas se démentir depuis de nombreuses années.

1. Centre national d'enseignement à distance.

Y a-t-il toujours une nécessité chez les candidats à recourir à ce type de cours ? Rien n'est moins sûr. Cette situation est en fait le fruit du **processus d'institutionnalisation des cours de langue sur objectif spécifique**. La mise en place de ces cours n'est pas le résultat d'une demande mais une sorte d'anticipation du centre de langue, dans le souci de diversifier son offre et donc ses clients. Ne sachant pas à l'avance quel sera exactement le profil du public intéressé, l'organisme se doit de proposer un programme pouvant convenir au plus grand nombre possible, et visant non pas des métiers (infirmière, médecin, secrétaire médicale, par exemple) mais l'ensemble de la branche d'activité professionnelle (BAP), en l'occurrence celle de la médecine. Nous ne sommes plus dans une logique de la *demande* mais bien dans une logique de l'*offre* qui conduit à travailler pour un public plus large, donc moins précisément identifié et *a priori* diversifié.

Voyons quelques exemples de ce type d'offre :

- Depuis les années 1960, la chambre de commerce et d'industrie de Paris (CCIP) développe des programmes linguistiques liés au monde de l'entreprise. Dans la majorité des situations, l'ouverture d'un cours n'est pas la réponse des institutions de langue à une demande précise d'un public de professionnels, individus ou entreprises. Il s'agit généralement d'une offre de la part de ces institutions qui entreprennent une démarche de sollicitation des entreprises susceptibles d'avoir besoin de personnels formés en français des affaires, en raison de leur vocation à travailler pour une clientèle de pays francophones ou en raison de leur lien avec la France.
- Lorsqu'un organisme brésilien offre parmi ses formations un cours de français du tourisme, qui voit-il s'inscrire à ce cours ? Peut-être des employés d'agences de voyages, ou des adultes qui ont un projet de voyage en France dans les mois qui suivent. Mais aussi des personnes qui, ayant le choix entre différents cours, choisissent celui-ci « au cas où... » ou bien parce qu'elles le considèrent plus attractif qu'un autre.
- Le ministère de la Justice d'un pays du Maghreb dispose d'un budget consacré à la formation continue de ses employés. La direction du personnel sollicite l'Institut français pour une formation en langue. Si un certain nombre de magistrats détachés au ministère ont des contacts réguliers avec leurs homologues français, ce n'est pas le cas de la majorité des apprenants concernés par le projet. De plus, ces magistrats présentent généralement le meilleur niveau en français. Il s'agit ici du cas de nombreux pays francophones où le droit local est calqué sur le droit français mais où l'exercice du droit s'opère dans la langue

du pays. Il en découle généralement une demande de français très imprécise aux objectifs difficilement identifiables : la connaissance des arcanes du droit français et son adaptation au contexte local peuvent en effet très bien être enseignées en arabe.

3. Des cas de dérive ?

Dans certaines universités, les cours de langues vivantes étrangères, obligatoires dans les cursus, sont construits sur le modèle des *langues de spécialité* : les étudiants de chimie suivent des cours de *français de la chimie*, et ceux de médecine des cours de *français médical*. Cela peut, à première vue, apparaître comme une évidence. En fait, cela mérite de s'y attarder et de s'interroger sur ce qui conduit une institution universitaire à décider de rattacher les cours de langue à la spécialité étudiée. Il peut y avoir deux raisons diamétralement opposées :

• Ce choix repose sur une bonne connaissance du marché du travail et une forte probabilité que les étudiants aient recours à la langue étrangère dans leur future activité professionnelle. Si ce point de départ est avéré, la proposition d'un cours de FOS est alors justifiée. Elle l'est également si le cadre est celui d'une filière bilingue, c'est-à-dire si certains cours de la spécialité sont assurés en français. Il y a **un besoin immédiat de compétence en français en lien avec la discipline**, et la formation linguistique a tout intérêt à l'intégrer. Il en va de même s'il est prévu que les étudiants fassent une partie de leurs études à l'étranger. Savoir que ses étudiants se retrouveront l'année suivante dans une université française fournit à l'enseignant de langue le cadre d'un programme de FOS, dans la mesure où il peut prévoir à quelles situations de communication il lui faut les préparer.

• Mais ce choix peut aussi être le résultat d'une analyse insuffisante de la notion de FOS. Il est fréquent de considérer, en dehors de toute interrogation sur les besoins, que le cours de langue dans un département universitaire *doit* s'aligner sur la discipline étudiée. Il y a là une confusion par amalgame entre le profil du public et les objectifs d'une formation en FOS. Le public est certes homogène par la spécialité étudiée mais ce n'est pas ce paramètre qui justifie fondamentalement la forme à donner aux cours de langue. Ce n'est pas *le lieu de formation linguistique* – une faculté de médecine, un département de géologie – qui doit déterminer la mise en place d'un cours de FOS, mais bien **l'éventualité d'une utilisation professionnelle ou universitaire du français au-delà de cette formation**.

Dans ce dernier cas, il y a dérive par incompréhension de ce qui préside, en principe, à la mise en place d'un programme de FOS.

4. Différentes catégories d'apprenants

En fonction de ces différents cas de figure, les apprenants de FOS peuvent être répartis en trois grandes catégories :

- *1re catégorie :* Ceux qui ont une demande personnelle très précise ou qui se plient à une demande précise émanant de leur employeur. Dans certains cas, il s'agit même d'une véritable commande commerciale : tel hôtel achète une formation à un centre de langue pour enseigner le français au personnel de réception, par exemple. Le lien entre la demande de formation et un objectif professionnel s'impose de façon claire.
- *2e catégorie :* Ceux qui font le choix d'une formation offerte par un centre de formation sans projet précis mais en faisant un pari sur l'avenir. C'est sans doute le cas de nombreux candidats aux formations en français des affaires ou en français de l'entreprise, soucieux d'acquérir une compétence en français dans le but de se donner plus de chances professionnelles plus tard, même s'ils ne savent pas quel sera leur avenir. Beaucoup d'étudiants chinois apprennent actuellement le français en espérant « aller en France ou travailler dans une entreprise française en Chine ». La motivation n'est pas liée à un projet précis mais davantage à une dimension affective, celle de l'espoir d'un avenir professionnel meilleur.
- *3e catégorie :* Ceux qui choisissent un cours de FOS figurant dans l'offre d'un centre de langue pour faire quelque chose de différent des cours précédemment suivis, ou simplement par goût pour le thème. Tel médecin cubain qui suit des cours de français médical à l'Alliance française de La Havane n'a pas nécessairement de projet professionnel en milieu francophone. Son choix n'est pas tant le résultat d'un besoin objectif que la conjonction de deux désirs : celui de se perfectionner en français et celui de le faire en relation avec un domaine qui l'intéresse, la médecine.

La réflexion sur la mise en place des programmes de FOS est donc étroitement liée aux réalités de terrain. Selon les cas, cette relation peut être très précise ou plus virtuelle, ou encore, à l'extrême, inexistante.

5. Français sur Objectif Spécifique ou Français de Spécialité ?

Le terme *Français de Spécialité* a été historiquement le premier à désigner des **méthodes destinées à des publics spécifiques étudiant le français dans une perspective professionnelle ou universitaire**. Ces méthodes, comme leur nom l'indique, mettaient l'accent sur une *spécialité* (le français médical, le français juridique, le français de l'agronomie, etc.) ou sur une *branche d'activité professionnelle* (le tourisme, l'hôtellerie, la banque, les affaires). Ce terme circule encore beaucoup dans le domaine du Français Langue Étrangère, et il peut paraître commode lorsque la formation proposée est effectivement ancrée dans une spécialité ou un champ professionnel.

Le terme *Français sur Objectif Spécifique,* en revanche, a l'avantage de **couvrir toutes les situations, que celles-ci soient ancrées ou non dans une spécialité**. Prenons le cas, évoqué plus haut, des formations linguistiques destinées aux étudiants non francophones, très répandues dans l'université française depuis le développement de la mobilité des étudiants européens dans le cadre de programmes d'études intégrées. Un grand nombre d'universités offrent à ces étudiants un cours de perfectionnement linguistique pour leur permettre de mieux s'intégrer dans leurs activités universitaires. Mais pour des raisons matérielles, il n'est souvent pas possible de proposer un cours de français dans chaque département et donc de ne regrouper que des étudiants suivant tous la même spécialité. Un même cours de langue peut réunir aussi bien des étudiants de littérature que d'histoire, de sociologie, etc. Il n'est donc pas envisageable de ne travailler que sur des discours relatifs à la spécialité de chacun. Cependant, bien que n'ayant pas la même spécialité, ces étudiants ont en commun les mêmes besoins en termes de compétences académiques. Le cours vise donc à développer leurs compétences en compréhension orale de discours longs avec prise de notes éventuelle, en lecture, en expression orale pour des exposés. Mais ces compétences doivent s'appuyer sur des documents dont le contenu doit être accessible par tous, donc hors du champ de leur spécialité respective. Une approche de la culture universitaire française, qui ne relève pas non plus d'une spécialité particulière, peut compléter l'enseignement de ces savoir-faire. Il semble évident qu'en l'occurrence le terme *Français de Spécialité* est inadapté alors que celui de *Français sur Objectif Spécifique* représente mieux ce travail sur des compétences transversales à différentes disciplines.

En fait, la distinction entre *Français de Spécialité* et *FOS* recouvre, sur les plans institutionnel et didactique, les deux approches que nous avons distinguées au début du chapitre : celle qui relève de l'*offre* et celle qui relève de la *demande*. **La première est une approche globale d'une discipline ou d'une branche professionnelle, ouverte à un public le plus large possible.** Elle tente de rendre compte de la diversité du champ traité. Les méthodes de français du tourisme, par exemple, abordent différents *métiers* relevant de cette *branche d'activité*, c'est-à-dire aussi bien l'hôtellerie que l'organisation des voyages ou encore les visites de patrimoine. Cela vise donc à la fois le personnel d'hôtellerie-restauration, les employés d'agences de voyages et les guides touristiques. **Le FOS, à l'inverse, travaille au cas par cas, ou en d'autres termes, métier par métier, en fonction des demandes et des besoins d'un public précis.**

Cette différence d'approche a une incidence directe sur la visibilité extérieure des programmes. Tout le monde sait qu'il existe un sous-champ du FLE appelé « français des affaires » grâce aux nombreux manuels qui ont été publiés dans ce domaine. En revanche les programmes de FOS menés en agronomie, en gestion de l'eau ou encore en génie civil[1] sont moins connus. Ces programmes ont alimenté la réflexion d'équipes de FLE durant de nombreuses années, dans certains établissements d'enseignement supérieur, mais ils ne pouvaient pas donner lieu à la publication d'ouvrages, du fait du nombre limité d'apprenants concernés. En effet, seul un ouvrage susceptible d'intéresser un nombre d'acheteurs suffisant sera édité, pour des raisons de rentabilité. Or le public est restreint lorsqu'il s'agit d'une formation à la carte. Tous les domaines ne peuvent donc pas être traités par le monde de l'édition. Mais cette situation n'est pas figée et évolue avec les échanges internationaux. Si le recrutement d'infirmières étrangères par les hôpitaux français devait continuer au point de constituer un marché viable, il est possible qu'apparaisse un jour sur le marché une méthode de français destinée aux infirmières. Il existe actuellement des méthodes de français médical mais, comme pour le tourisme, celles-ci couvrent un champ élargi, censé intéresser la branche médicale dans son ensemble et non un métier particulier de la médecine.

1. et sans aucun doute bien d'autres encore, qui n'ont pas franchi les limites des établissements qui les ont mis en œuvre.

L'utilisation d'ouvrages de français de spécialité – prenons le cas du français du tourisme – peut prendre deux formes différentes pour un enseignant :

– soit celui-ci a affaire à un public non professionnel, dont l'objectif est assez vague, avec lequel il pourra étudier l'ensemble des domaines proposés ;

– soit il est confronté à un public professionnel qui ne peut être intéressé que par l'un des métiers du tourisme traité dans la méthode et qui ne verra certainement pas d'un bon œil de travailler sur une thématique d'agence de voyages alors qu'il est employé d'hôtel ou vice versa. Il lui faudra alors limiter son utilisation de la méthode au domaine de son public et compléter ce qui lui est proposé par des activités qu'il construira lui-même.

Il n'y a bien évidemment pas de frontière rigide entre le Français de Spécialité et le FOS. Un programme à la demande peut coïncider plus ou moins largement avec le contenu d'un matériel existant sur le marché, comme nous l'avons évoqué plus haut pour le tourisme. Mais plus la demande sera claire, en lien avec des situations de communication précisément identifiées, plus l'enseignant aura à compléter ce que lui offrent les méthodes avec du matériel *ad hoc* répondant aux besoins spécifiques de son public. Une offre de formation sans demande particulière, dans un champ déjà balisé par du matériel pédagogique mis sur le marché, pourra au contraire s'appuyer sur les méthodes existantes.

Remarque

Sans vouloir aller à l'encontre d'un pragmatisme bien nécessaire en didactique, il faut néanmoins souligner que le terme *langue de spécialité* suscite des réserves. Il laisse en effet supposer une unicité linguistique là où règne la multiplicité des discours : une discussion entre deux médecins sur le cas d'un patient a peu de points communs, sur le plan discursif et linguistique, avec un article d'une revue médicale. Une discipline n'existe pas à travers *une langue,* qui serait homogène, mais à travers *des discours* extrêmement divers : écrits ou oraux, spontanés ou distanciés, sous forme d'exposé ou d'échange dialogué, d'article spécialisé, de fiche technique, etc. Parler des *discours de la géologie* ou des *discours de la médecine* est, sur le plan didactique, beaucoup plus opératoire que se référer à la notion de *langue de la géologie* ou *de la médecine*. Cette dernière, en effet, tend à focaliser l'attention sur les champs lexicaux spécifiques à chaque discipline et à ignorer les autres aspects, masquant ainsi aussi bien les diversités au sein d'une même discipline que les transversalités entre disciplines. Hors du champ lexical, il existe, sur le plan discursivo-linguistique, plus de points communs entre un cours de droit et un cours de géologie, qu'entre *un cours* de droit et *un arrêté* de droit. Les discours sont en effet beaucoup plus façonnés par les paramètres de la situation de communication que par les contenus véhiculés.

6. Réflexion personnelle sur la demande et l'offre de formation

A. Analyse d'environnement professionnel

Y a-t-il dans le centre où vous enseignez :

• des programmes de FOS présents dans le catalogue des formations proposées aux apprenants ?

• des programmes de FOS élaborés ponctuellement, à la carte, suite à des demandes précises de clients ?

Si oui, il serait intéressant d'interroger quelques apprenants de chacune de ces formations pour mesurer le degré de précision de leur objectif de formation. Relèvent-ils plutôt du premier, du second, ou du troisième cas évoqués page 15 ?

B. Étude de cas

Le syndicat des médecins d'un pays non francophone décide de mettre en place des cours de français médical pour ses adhérents.

Dans quel cas ce projet peut-il être considéré :

• comme une demande justifiée ?

• comme une demande inadaptée à la situation professionnelle des médecins ?

Vous pourrez confronter votre réponse à celle qui est proposée page suivante.

Étude de cas B : proposition de réponse

• **La mise en place d'un programme de français médical correspond à une demande précise** si les médecins reçoivent, fréquemment ou ponctuellement, une clientèle francophone. La formation linguistique sera alors orientée sur la consultation médicale et les aspects interculturels à prendre en compte. Il en est de même si un partenariat entre hôpitaux ou instituts de recherche français et locaux implique de fréquents échanges en français de correspondances, rapports, notes, missions de chercheurs, stages sur place, communications à des colloques. La formation sera alors axée sur la communication médicale. (Il convient toutefois de vérifier si, dans ce cas, les opérations de communication ne s'effectuent pas majoritairement en anglais, comme c'est souvent l'usage dans les programmes de recherche en médecine.)

Évoquons enfin le cas de la préparation d'étudiants en médecine au concours de l'internat français réservé aux étrangers. Cette situation répond à une demande précise dans la mesure où le niveau dans la discipline est comparable entre les étudiants issus des différents pays et où la réussite dépend alors, dans une large mesure, des compétences en langue. Mais ce cas ne correspond pas à la situation décrite puisque ces étudiants ne sont pas encore, par définition, affiliés au syndicat des médecins.

• **Le projet de formation est inadapté à la situation professionnelle des médecins** si la clientèle francophone ne consulte que les quelques médecins ayant fait leurs études en France, et de ce fait, parfaitement francophones. Ces médecins n'éprouvent probablement pas le besoin d'une formation, et les autres, ne recevant qu'une clientèle locale, ne sont pas concernés.

Dans ce cas, la sollicitation correspond à une demande floue émanant d'un organisme qui dispose d'un budget de formation établi préalablement à toute émergence de besoins de communication en français de la part de ses membres.

2

L'ANALYSE DES BESOINS

Les cas de FOS qui relèvent d'une demande clairement identifiable se caractérisent par deux paramètres : la *précision* de l'objectif à atteindre et l'*urgence* de cet objectif. Si ces deux paramètres n'étaient pas réunis, un enseignement de français général pourrait convenir, en faisant l'hypothèse qu'après quelques années d'apprentissage, l'apprenant sera en mesure de réinvestir ses connaissances dans n'importe quelle situation et de s'y adapter sans qu'il soit nécessaire de mettre en place une démarche spécifique d'enseignement. Mais dans la mesure où le temps de formation est étroitement compté, la stratégie d'enseignement s'en trouve fortement modifiée. En effet, dans l'immense ensemble de données que constitue une langue, l'urgence de la formation nécessite une sélection sévère. Il n'est plus question de traiter toutes sortes de sujets, de diversifier les compétences enseignées, mais au contraire d'orienter prioritairement – voire exclusivement – l'enseignement sur les situations de communication auxquelles sera confronté l'apprenant ultérieurement, dans son activité professionnelle. Ainsi, pour l'agriculteur ukrainien, seules seront prises en compte dans la formation les situations de communication qu'il vivra lors de son séjour dans une coopérative agricole française ; pour les étudiants, la formation se focalisera sur l'acquisition des compétences académiques liées aux situations universitaires.

1. Le recensement des situations de communication

Cela signifie que la première étape de mise en œuvre du programme de formation est ce qu'il est convenu d'appeler *l'analyse des besoins*. Celle-ci consiste à recenser les situations de communication dans lesquelles se trouvera ultérieurement l'apprenant et surtout à prendre connaissance des discours qui sont à l'œuvre dans ces situations. Concrètement, le concepteur du programme de formation essaie de répondre le plus précisément possible aux questions suivantes :

– À quelles utilisations du français l'apprenant sera-t-il confronté au moment de son activité professionnelle ou universitaire ?
– Avec qui parlera-t-il ?
– Sur quels sujets ?
– De quelle manière ?
– Que lira-t-il ?
– Qu'aura-t-il à écrire ?

Dans un premier temps, il formule des hypothèses en réponse à ces questions à partir de ses propres connaissances des situations envisagées. La justesse et la précision des premières hypothèses s'avèrent très variables en fonction du cas étudié. Tout enseignant est en mesure d'imaginer les échanges langagiers qui ont lieu à la réception, au bar ou au restaurant d'un hôtel, ce type de situations faisant partie de l'expérience de chacun et existant dans un grand nombre de méthodes de langue utilisées depuis une trentaine d'années.

Mais cette connaissance des situations n'est pas vraie, loin de là, pour tous les scénarios faisant l'objet d'une demande de FOS. Concernant le monde médical, l'expérience personnelle se révèle beaucoup plus limitée : chacun a certes été un jour confronté à des échanges entre un patient et une infirmière ou un médecin, mais qu'en est-il des discussions qui ont lieu entre médecins, entre médecins et infirmières, etc. ? Quant aux discours que peuvent tenir des juristes sur telle ou telle question de droit, ou des agriculteurs en activité professionnelle, ils échappent largement aux prévisions d'un enseignant de français.

Comment envisager l'analyse des besoins lorsqu'il ne s'agit plus d'une *demande* précise mais d'une *offre* institutionnalisée ? Ne pouvant sélectionner des situations de communication en fonction d'une demande particulière, **le concepteur s'intéresse plus aux thèmes de la discipline qu'aux situations de communication**, et diversifie les sujets traités de façon à élargir l'offre. C'est ce qui apparaît à travers la lecture des sommaires du matériel pédagogique mis sur le marché, par exemple :

– Le français médical[1]: hypertension artérielle, syndrome dysentérique, chirurgie cardiaque, etc.

– Le français de l'agronomie[2] : agroclimatologie, sols, plantes cultivées, etc.

– Le français du droit[3] : les institutions politiques nationales, les juridictions européennes, les obligations, etc.

Les thématiques prennent le pas sur la recherche des situations de communication. Pour reprendre la distinction terminologique évoquée précédemment (p. 16), la démarche adoptée est davantage celle de *Français de Spécialité* que celle de *Français sur Objectif Spécifique*.

2. Des besoins en termes culturels

L'analyse des besoins ne concerne pas seulement les situations de communication dans leur dimension langagière mais aussi tout l'arrière-plan culturel qui les structure. Selon l'expression bien connue, les éléments culturels sont « des évidences partagées » et, de ce fait, rarement explicités. Ils ne sont donc ni visibles ni audibles directement. Ils jouent pourtant **un rôle important dans l'organisation des institutions et dans les relations entre les individus, tant sur le plan comportemental que langagier**. Pour un enfant ou un adolescent qui doit intégrer une école française, les différences entre son pays d'origine et la France, dans l'organisation institutionnelle, dans les relations entre élèves et enseignants, par exemple, peuvent être limitées ou au contraire très importantes. Dans un autre cas de figure, les paroles que peuvent échanger un médecin et une infirmière dans un hôpital sont étroitement conditionnées par la relation hiérarchique que suppose l'organisation du monde hospitalier français. Il serait imprudent de supposer d'emblée que les relations sont exactement les mêmes dans un autre pays. Et pour un apprenant non francophone, la compréhension d'une conversation professionnelle de ce type risque de ne pas être complète

1. Édité par le Centre national d'enseignement à distance (CNED).
2. *Idem*.
3. J.-L. Penfornis, *Le Français du droit*, Clé International, 1999.

s'il ne sait pas l'interpréter par rapport à la culture qui la sous-tend. Il pourra par exemple trouver le médecin autoritaire alors que l'infirmière française considérera cet échange comme normal.

Il n'est d'ailleurs pas impératif, dans le cadre de la formation linguistique, que cette information sur les aspects culturels sous-jacents soit transmise en langue cible. Ces données, qui exigent une capacité à s'exprimer librement, de façon nuancée, sans les schématisations qu'impose souvent une maîtrise limitée de la langue étrangère, peuvent très bien, quand la situation le permet, être traitées en langue maternelle. Nous aurons l'occasion de le voir dans le *chapitre 4*, consacré aux élaborations didactiques.

3. Une analyse des besoins évolutive

L'analyse des besoins n'est pas une recherche achevée une fois pour toutes à partir d'un instant t dans la démarche de conception de la formation. Il est préférable de la considérer comme évolutive, et ce pour au moins deux raisons. La première réside dans la *durée de formation*, toujours limitée par rapport aux besoins identifiés. Ce temps restreint implique de faire des choix dans ce qui sera traité au cours de la formation, et ces choix peuvent être remis en cause par des apprenants qui préféreront travailler sur d'autres questions. Ou bien parce que certains aspects traités feront émerger de nouvelles demandes. La seconde raison est plutôt *d'ordre technique* : la demande de formation passe généralement par une institution et il est encore assez rare que les concepteurs rencontrent les apprenants avant la formation. La mise en place de cette dernière relève essentiellement de l'enseignant-concepteur. Les apprenants ne peuvent donc se prononcer qu'une fois la formation commencée, et leur demande ne coïncide pas toujours avec celle de l'institution. Nous citerons par exemple la situation vécue par un enseignant qui après avoir conçu, à la demande du directeur d'un Institut d'archéologie, un programme de lecture de textes d'archéologie pour permettre aux étudiants d'accéder à des ouvrages en français, s'est vu plus tard réclamer par ces mêmes étudiants des cours d'oral « pour discuter avec les Français lors des campagnes de fouilles archéologiques ». Directeur et étudiants n'avaient pas la même vision de l'intérêt que pouvait représenter l'apprentissage du français.

4. Quelques outils pour l'analyse des besoins

Les outils de la première phase de l'analyse des besoins, celle qui a lieu avant tout contact avec le milieu concerné et toute collecte des données, tiennent en quelques questions :

• Les apprenants utiliseront-ils le français en France ou chez eux ? La formation linguistique se déroule-t-elle en France ou dans le pays d'origine ? Ces deux questions sont corollaires. Pour des étudiants visant des études en français, les deux cas sont possibles : soit ils se rendront en France à l'issue de la formation, soit ils suivront dans leur propre pays des cours de leur discipline, en français, dans le cadre des filières francophones par exemple (*cf.* p. 12). Il en va de même pour les publics qui suivent des formations liées au monde du tourisme. Dans la quasi-totalité des cas, ils exerceront leurs compétences chez eux dans l'accueil de touristes francophones. Les médecins cubains ou les agriculteurs ukrainiens, quant à eux, seront en France.

Selon que la formation a lieu sur le terrain d'utilisation de la langue ou à distance, le formateur sera proche ou éloigné des situations cibles et l'impact de cette alternative sur l'analyse des besoins se conçoit aisément. Prévoir au Maroc les situations dans lesquelles se trouvera un étudiant faisant des études supérieures en français à l'université de Rabat est une démarche plus accessible pour un formateur que d'anticiper les situations qui attendent le même apprenant partant faire ses études en France. **La proximité géographique et culturelle avec les situations cibles facilite bien évidemment le travail d'analyse du concepteur.**

• Quelles situations de communication faut-il prévoir par rapport à l'objectif assigné à la formation ? Dans quels lieux, pour quelles actions ? En interaction orale ? Avec quels interlocuteurs ? En lecture ? En écriture ?

• Quelles sont les informations sur le contexte institutionnel ou social à connaître (le fonctionnement de la couverture sociale pour les infirmières, l'organisation des cursus universitaires pour les étudiants, etc.) ?

• Quelles sont les différences culturelles prévisibles (les relations patients-médecins, étudiants-enseignants, etc.) ?

Ces outils de réflexion mettent l'accent sur les informations à recueillir. Se pose ensuite la question de la manière de les obtenir, et là, également, différentes solutions sont envisageables en fonction du contexte local. Deux cas de figure sont possibles :

– soit le formateur n'a pas de contact préalable avec les apprenants ;

– soit il a la possibilité de les rencontrer avant le début des cours.

Dans le *premier cas*, l'enseignant a recours à ses propres ressources. En voici quelques-unes parmi les plus courantes :

• La première source d'information réside dans **l'expérience personnelle du concepteur**. Pour certains programmes, en effet, les situations lui sont en partie connues. Celles du tourisme (hôtel, visites guidées), du secrétariat (pour ce qui touche l'entreprise), peut-être aussi du milieu médical. Tout cela à des degrés divers naturellement. Se référer à son expérience personnelle est intéressant mais la démarche, pour être efficace, nécessite d'y réfléchir avec les outils de la didactique, c'est-à-dire sortir de l'impression globale pour la lire en termes de situations de communication, d'activités langagières, d'attitudes des locuteurs, etc. : se souvenir, par exemple, de ses visites chez son médecin traitant en essayant de s'attacher aux différents moments de l'échange, à ce qui a été dit, en quels termes, etc.

• Par effet de proximité, la seconde source est **l'entourage**. Face à un projet concernant le milieu médical, il peut être bon de se souvenir d'un ami ou un parent infirmier, cardiologue ou secrétaire médical... Ce sont souvent des atouts précieux lors de l'étape suivante, celle des contacts effectifs avec le terrain.

• L'autre possibilité réside dans **les méthodes de français existantes**. Elles peuvent comporter des éléments à reprendre ou au moins attirer l'attention sur des aspects qui peuvent concerner le programme projeté (situations, types de discours, écrits, etc.).

Dans le *second cas*, à ces ressources s'ajoutent toutes les données que peuvent apporter les apprenants sur leur **parcours professionnel et/ou scolaire-universitaire**, sur leur **connaissance des situations cibles**, de leur **futur lieu de travail ou d'études**. Ces informations peuvent être recueillies sous forme de questionnaires écrits ou d'entretiens, de préférence en langue maternelle.

Exemples de questionnaires

A. Agriculteurs ukrainiens

À partir du cas des agriculteurs ukrainiens, le questionnaire peut revêtir la forme suivante :

Questionnaire

- Avez-vous des informations (et, si oui, lesquelles ?)
  - ☐ sur les différentes régions agricoles de France ?
  - ☐ sur les principales activités agricoles ?
  - ☐ sur les diverses situations des agriculteurs français ?
  - ☐ sur la taille des exploitations, l'organisation du travail ?
- Avez-vous entendu parler de difficultés des agriculteurs français ? Si oui, lesquelles ?
- Avez-vous des informations sur la politique agricole de l'Europe ? Lesquelles ?
- Comment les avez-vous obtenues ?
  - ☐ par la radio
  - ☐ par la télévision
  - ☐ par des discussions
  - ☐ autres
- Savez-vous dans quelle région française vous irez en stage ? Si oui, avez-vous des informations sur cette région ?
- Qu'attendez-vous de ce séjour en France ?
- Avez-vous déjà appris une langue étrangère ?
  - – Si oui, laquelle ?
  - – De quelle manière ?
    - ☐ avec un manuel
    - ☐ avec des enregistrements
- Les activités en cours se déroulaient-elles plutôt individuellement ? en groupe ?

Ces questions ne sont que des exemples des informations que l'enseignant-concepteur peut être amené à recueillir pour mieux connaître le public et organiser son enseignement. Elles permettent de réunir des données sur deux aspects importants pour l'organisation de la formation :

– **les connaissances des apprenants sur les sujets traités durant la formation**, lesquels concernent à la fois les situations auxquelles ils seront confrontés dans les exploitations agricoles et le contexte culturel de ces situations. Cela oriente fortement le choix des contenus et des supports de la formation ;

– **les habitudes d'apprentissage de ceux qui ont déjà appris une langue étrangère** : cela permet de prévoir des similitudes ou au contraire d'éventuels écarts entre celles-ci et celles qui leur seront proposées (sans oublier la question non négligeable de l'apprentissage de l'alphabet pour ceux qui ont un autre système graphique).

B. Étudiants marocains

Nous pouvons également évoquer les questionnaires utilisés pour les étudiants marocains des filières universitaires non linguistiques qui se présentent à l'Institut français de Rabat[1]. Ces étudiants connaissent des difficultés à suivre leurs études en français puisqu'ils ont fait leurs études secondaires en arabe, avec un apprentissage du français insuffisant pour ce qui les attend ensuite à l'université.

L'analyse des besoins réalisée par l'Institut s'appuie dans un premier temps sur leur parcours scolaire – disciplines étudiées, autres langues apprises – dans la mesure où leur apprentissage a pu leur faire acquérir (ou non) certaines pratiques et compétences nécessaires à leurs études universitaires.

PARCOURS SCOLAIRE

- Quelle a été votre orientation scolaire dans le secondaire ?
  - ☐ Sciences mathématiques
  - ☐ Sciences expérimentales
  - ☐ Lettres
  - ☐ Économie
  - ☐ Autre, précisez :
- En quelle année avez-vous commencé à apprendre le français ? Combien d'heures par semaine ?
- Avez-vous appris une autre langue dans le secondaire ? Combien d'heures par semaine ?

Puis le questionnaire s'oriente sur les études universitaires en français et sur ce que les étudiants attendent des cours de l'Institut afin de remédier à leurs difficultés. Il s'agit pour l'enseignant de tenter d'identifier la perception que l'étudiant a de ses carences linguistiques pour l'accès au domaine disciplinaire ou, plus généralement, de ses besoins en français à l'université :

1. Ce questionnaire a été établi par le service des cours de l'Institut sous la responsabilité de Dominique Casanova, directeur des cours.

Études supérieures

Établissement :
Spécialité :
Diplôme préparé :

Langue française

■ Pourquoi apprenez-vous le français ?
- ☐ Pour être à l'aise dans la vie quotidienne, au sein de l'université
- ☐ Pour comprendre les cours
- ☐ Pour comprendre les documents étudiés en français
- ☐ Pour poser des questions
- ☐ Pour faire un exposé
- ☐ Pour rédiger en français
- ☐ Pour mieux réussir vos études
- ☐ Pour mieux réussir votre parcours professionnel (dans le choix des modules ou orientations proposés à la faculté)
- ☐ Pour poursuivre des études universitaires en France
- ☐ Autre, précisez :

La partie finale du questionnaire porte sur leur projet professionnel dans la mesure où certains modules de leur cursus universitaire sont consacrés à des situations professionnelles :

Projet personnel ou professionnel

■ Préparez-vous un projet personnel ou professionnel ?
- ☐ Oui
- ☐ Non

■ Si oui, quel est ce projet ?

■ En quoi la langue française vous sera-t-elle utile à la réalisation de ce projet ?

Ces questionnaires ne constituent pas le seul outil d'analyse, ils sont notamment complétés par des entretiens oraux, le plus souvent en langue maternelle.

C. Chercheurs égyptiens

Pour un public tel que les chercheurs égyptiens de la faculté d'agronomie, le questionnement est davantage ciblé sur la pratique professionnelle, les tâches à accomplir et les situations de communication avec les partenaires français. Par exemple :

APPRENTISSAGE DU FRANÇAIS

- Avez-vous déjà étudié le français ?
  - ☐ Oui
  - ☐ Non
- Si oui, pendant combien d'années ?
- Auprès de quel type d'établissement ?
  - ☐ à l'école
  - ☐ au collège
  - ☐ au lycée
  - ☐ à l'université
  - ☐ dans un Institut français
  - ☐ dans une Alliance française
  - ☐ dans un établissement privé
  - ☐ autre, précisez :
- À quelle date avez-vous arrêté d'étudier le français ?
- Avez-vous obtenu un diplôme de langue française ?
- Si oui, lequel ?

PROFESSION

- Quelles sont les principales tâches que vous effectuez ?
- Quels sont vos contacts avec les chercheurs français (nature, fréquence, langue(s) utilisée(s)) ?
- Quels sont vos contacts avec vos collègues (nature, fréquence, langue(s) utilisée(s)) ?
- Quels sont vos contacts avec votre hiérarchie (nature, fréquence, langue(s) utilisée(s)) ?

RAPPORT AU FRANÇAIS

- En dehors des contacts avec vos homologues français, utilisez-vous le français dans votre travail ? Dans quelles occasions ?
- Utilisez-vous le français en dehors du travail ? Dans quelles occasions ?

- Regardez-vous des émissions, des films en français ? Si oui, les comprenez-vous ?
- Êtes-vous en contact avec des documents écrits en français ?
  – Au travail : si oui, lesquels ? Les comprenez-vous ?
  – Dans la vie quotidienne : si oui, lesquels ? Les comprenez-vous ?
- Quelles sont vos principales difficultés en français ?
  – Lecture de documents :
    - ☐ rapports
    - ☐ notes
    - ☐ notices, modes d'emploi
    - ☐ plans, schémas
    - ☐ lettres, correspondances
    - ☐ fiches techniques
    - ☐ autres
  – Rédaction de documents :
    - ☐ rapports
    - ☐ notes
    - ☐ notices, modes d'emploi
    - ☐ plans, schémas
    - ☐ lettres, correspondances
    - ☐ fiches techniques
    - ☐ autres
  – Compréhension et expression orales :
    - ☐ exposés, conférences
    - ☐ échanges professionnels
    - ☐ comptes rendus de travaux, d'expériences
    - ☐ visites guidées
    - ☐ conversations téléphoniques

L'intérêt principal de ces questionnaires est de permettre à l'enseignant-concepteur de **mieux connaître le passé pédagogique de ses futurs apprenants et de prendre conscience de l'idée qu'ils se font de leur niveau en français et de leurs besoins langagiers**. L'établissement d'une progression, la sélection et le traitement des données seront guidés prioritairement par les besoins détectés lors de l'analyse des besoins mais aussi par la prise en compte du niveau et de la nature des études de français ou en français, ainsi que d'autres langues, suivies par les apprenants.

L'ensemble des questions porte sur le métier de chercheur et, au sein de ce métier, sur le poste occupé par les chercheurs dans une unité de recherche et de production laitière : les questions s'appliquent à des opérations professionnelles pratiques nécessitant des compétences langagières dans des situations de communication particulières : lecture et production de documents (notices, comptes rendus, rapports, etc.), discours oraux explicatifs, injonctifs (instructions), descriptifs, etc. Les questionnaires ne portent pas sur la langue de spécialité qui relève du domaine général de la Branche d'activité professionnelle (BAP).

Dans le cas des chercheurs agronomes, il conviendrait de se référer à la nomenclature des Branches d'activités professionnelles commune à l'ensemble des organismes de recherche EPST (Établissements Publics à caractère Scientifique et Technologique) et aux établissements d'enseignement supérieur EPSCP (Établissements Publics Scientifiques, Culturels et Professionnels). Ce classement, intitulé REFERENS (Référentiel des emplois types de la recherche et de l'enseignement supérieur) a recensé 305 emplois types communs en règle générale à l'ensemble des établissements de recherche. Les domaines d'activités sont établis et classés en fonction des activités de participation directe aux procédures de recherche, au fonctionnement des infrastructures nécessaires à la recherche, à la gestion de la recherche et de l'enseignement[1]. Le classement fait apparaître huit BAP :

A : Sciences du vivant
B : Sciences chimiques et sciences des matériaux
C : Sciences de l'ingénieur et instrumentation scientifique
D : Sciences humaines et sociales
E : Informatique, calcul scientifique
F : Documentation, édition, communication
G : Patrimoine, logistique, prévention
H : Gestion scientifique et technique des EPST

Les Branches d'activités professionnelles sont elles-mêmes divisées en plusieurs domaines de compétences correspondant à des familles de métiers. Il apparaît ainsi que le métier exercé par les chercheurs de l'unité laitière – qui peut d'ailleurs être généralisé au cas de chercheurs agronomes au sein d'une unité de recherche et production – relève à la fois de la BAP A, des sciences du vivant, notamment dans la famille des métiers liés à la biologie voire à celui de l'élevage, mais aussi de la BAP B

1. Source : Observatoire des métiers du CNRS, nouvelle nomenclature des BAP.

des sciences chimiques et sciences des matériaux, dans la famille des métiers d'analyse des biomolécules.

Compléter les questionnaires par des notions relatives aux BAP oriente la démarche vers la langue de spécialité. L'étude des différents discours de la recherche ferait ainsi apparaître des besoins langagiers transversaux au domaine en général comme les articulateurs logiques, les graphiques et les schémas, les reformulations, les caractérisations, les descriptions[1]...

La démarche FOS focalisée sur la pratique particulière du métier de chercheur agronome, dans la situation précise d'une unité de recherche et production laitière égyptienne amenée à participer à un projet de coopération avec un centre de recherche français, met en évidence des besoins langagiers qui peuvent être rattachés à différentes familles professionnelles de plusieurs BAP.

5. Exemples d'analyse des besoins

A. Agriculteurs ukrainiens

Pour le cas des agriculteurs ukrainiens, les premières hypothèses qui peuvent être formulées sur les situations cibles sont les suivantes :
- découvrir l'organisation des exploitations agricoles françaises ;
- comprendre le contexte européen dans lequel fonctionnent ces exploitations ;
- comprendre les explications qui leur seront fournies lors de la visite de la ferme ;
- comprendre les instructions de travail qui leur seront données ;
- lire des instructions, des modes d'emploi ;
- participer à des réunions de coopérative agricole : écouter et s'exprimer ;
- rendre des comptes sur leur travail ;
- s'expliquer avec les commerçants lors des achats pour la coopérative.

Il est probable qu'ils auront peu à écrire. La formation s'intéressera donc dans une moindre mesure à cette activité. Elle privilégiera les échanges oraux sur les questions agricoles, sans oublier toutefois la vie privée, les conversations personnelles avec les gens de la ferme, les échanges au cours des repas, etc. Concernant les arrière-plans culturels, il faut envisager des informations sur l'intégration européenne.

1. *Cf.* les marques discursives spécifiques aux sciences d'application abordées dans l'ouvrage de Simone Eurin Balmet et Martine Henao De Legge, *Pratiques du français scientifique*, Paris, Hachette, 1992 (p. 93).

B. Juristes cubains

Pour les juristes cubains, les premières hypothèses donnent les résultats suivants :
– écouter des conférences et prendre des notes ;
– participer aux discussions à l'issue des conférences ;
– lire des documents juridiques.

Par rapport au cas précédent, d'importantes différences apparaissent dès cette étape, lesquelles permettent de faire les premières projections sur le déroulement de la formation :
– la compréhension orale de discours longs occupera une place prépondérante, alors que les dialogues seront dominants pour les agriculteurs ukrainiens ;
– la lecture occupera également une place considérable ;
– les discussions de vie quotidienne, en revanche, ne concernent pas ce public dans la mesure où celui-ci ne séjournera pas en milieu francophone ; les relations avec les interlocuteurs francophones seront essentiellement d'ordre académique.

C. Chercheurs agronomes égyptiens

Les chercheurs agronomes égyptiens sont en contact avec leurs homologues français pour leur communiquer leurs travaux de recherches scientifiques et échanger des informations :
– La part d'expression orale est liée principalement aux visites des chercheurs français sur le terrain ou de personnalités officielles non spécialistes du domaine (ambassade par exemple) : les apprenants doivent être capables de se présenter et de présenter leur fonction, de décrire le fonctionnement des appareils, de discuter de l'état de leur recherche ;
– La part de compréhension écrite est importante tant en ce qui concerne la correspondance que pour l'étude de la documentation des machines et du matériel d'origine française. En outre, les chercheurs reçoivent un abondant courrier issu de départements similaires en France, et les revues de recherche auxquelles ils sont abonnés sont aussi en français ;
– L'activité de production écrite consiste en la rédaction de lettres envoyées en France : demande de documentation supplémentaire, invitations de spécialistes, présentation de sujets de recherche. Les chercheurs sont également amenés à publier des rapports faisant part de l'état d'avancement de leur recherche.

D. Guides touristiques jordaniens

Pour les guides touristiques jordaniens, c'est la communication orale qui sera la plus importante : aussi bien dans la description des sites archéologiques que dans les conversations liées à la conduite des groupes de touristes. Ces situations peuvent déborder du cadre professionnel pour traiter de thèmes plus personnels où l'arrière-plan culturel sera important. De l'avis des tour-opérateurs travaillant sur la région (dont la majorité dispose de ses propres guides venant de France) et de celui du ministère du Tourisme lui-même, la Jordanie pâtit du manque de guides-interprètes formés correctement tant sur le plan théorique, avec une solide connaissance des sites touristiques historiques et naturels, que sur le plan pratique dans l'accueil et la gestion des groupes lors des visites. Cette carence est plus sensible, semble-t-il, chez les guides francophones. Les besoins sont donc très importants en communication orale :

– Ils remplissent la fonction de guide/référant, c'est-à-dire de personne ressource pour le groupe au sein de toutes les situations que ce dernier va vivre durant le séjour. Ils ont besoin d'accueillir, de rassurer, de conseiller, de donner les informations pratiques, etc.

– Sur les sites, ils ont à assurer les visites avec toutes les descriptions, narrations, explications que cela suppose. Il leur faut être en mesure d'assurer un discours d'exposé combiné à un discours de convivialité avec le public.

– Ayant à présenter et décrire les sites visités à partir de leurs propres connaissances historiques, culturelles et archéologiques, il leur faut également apprendre à passer de la lecture à l'oralisation des informations.

E. Élèves nouvellement arrivés en France

Pour les élèves nouvellement arrivés en France (ENAF), souvent débutants en français, les besoins concernant leur intégration scolaire relèvent très nettement des deux ordres culturel et linguistique[1]. Prenons l'exemple d'un élève en âge d'école primaire :

1. Données tirées d'une recherche menée par Nathalie Francols, enseignante en CLIN (Classe d'initiation pour élèves nouvellement arrivés en France).

• Sur le plan culturel, il lui faut :
– découvrir les valeurs républicaines de l'école française : laïcité, mixité (il est amené à travailler avec d'autres quels que soient leur religion, leur pays/ethnie d'origine et leur sexe), droits et devoirs (toutes les disciplines sont obligatoires pour tous) ;
– repérer les rôles des différents adultes qu'il côtoie : maître ou maîtresse, directeur(trice), aide-éducateur(trice), dames de service ;
– se repérer dans le temps scolaire (pas d'école le mercredi, les récréations, l'étude du soir, etc.) ;
– se repérer dans les différentes disciplines enseignées (quelles disciplines enseigne-t-on ? dans quelle discipline est-on à tel ou tel moment ?) ;
– se repérer dans l'école (la cantine pour manger, la cour pour jouer, la classe pour travailler) et les espaces de la classe (le coin bibliothèque, l'armoire à matériel, la place du maître).

Ces besoins sont plus ou moins marqués selon l'origine culturelle et le passé scolaire de l'enfant. Un enfant qui n'est jamais allé à l'école aura plus de choses à intégrer qu'un enfant qui a déjà fréquenté une école dans son pays.

• Sur le plan linguistique, les premières nécessités relèvent de l'oral. L'écolier a besoin de comprendre :
– à qui s'adresse le maître ou la maîtresse ;
– les consignes sur le comportement, le travail à faire ;
– les questions ;
– les interdictions, les réprimandes ;
– les paroles des autres élèves ;
– les consignes de transmission de message aux parents.

• Il a également à s'exprimer pour :
– se présenter ;
– répondre aux consignes ;
– traduire une sensation physique (en cas de problème de santé) ;
– manifester un problème de compréhension ;
– entrer en contact avec les autres élèves, etc.

Les besoins écrits dépendent de l'âge de l'enfant et de la classe qu'il doit en principe intégrer. Pour les élèves de l'âge du CP, l'acquisition des compétences écrites se fera parallèlement à celle des élèves français. Il en va autrement pour les élèves plus âgés.

6. Le Cadre européen commun de référence pour les langues

Pour aller plus loin que les exemples cités précédemment, l'enseignant peut également se référer aux outils qui ont été constitués par le Conseil de l'Europe.

Le Conseil de la coopération culturelle de l'Union européenne a été créé le 1er janvier 1962 afin de **déterminer des propositions d'élaboration et de diffusion du programme culturel européen, notamment sur le plan de l'apprentissage des langues vivantes**. Ses travaux fournissaient alors à l'ensemble des partenaires européens les moyens d'établir et d'exécuter des programmes d'enseignement adaptés aux besoins spécifiques qui dépendent eux-mêmes de l'évolution des exigences de la société.

Parmi les plus complètes de ces études dans le domaine des objectifs d'apprentissage, celle de René Richterich et Jean-Louis Chancerel, en 1981, intitulée *l'Identification des besoins des adultes apprenant une langue étrangère*[1], recueille des informations sur les besoins spécifiques des apprenants dans un système européen d'unités d'enseignement capitalisables, attestant d'une compétence précise dans l'acquisition d'une langue étrangère. Cette étude est centrée sur l'apprenant dont la fonction, le temps, les moyens financiers, la personnalité, les projets professionnels, etc., sont pris en considération. Les auteurs préconisent dans un premier temps des questionnaires informatifs sur l'identité des apprenants (état civil complet), leur personnalité (traits, aptitudes, attitudes), le temps dont ils disposent, le financement, etc. À ce recueil d'informations périphériques s'articule une identification, toujours par l'apprenant, de ses besoins en fonction des modes d'évaluation. Ainsi, il devra indiquer sa « biographie langagière », l'utilisation qu'il fait des autres langues apprises, le type d'évaluation du niveau à atteindre qu'il envisage, la sanction désirée (diplôme officiel, certificat d'aptitude, attestation). Cette mise au centre de l'apprentissage n'est pas le fait seul de l'apprenant mais aussi de l'institution professionnelle à laquelle il appartient et qui a ses propres objectifs, notamment en termes d'efficacité et de rentabilité sur le long terme, et de l'organisme de formation qui a ses propres contraintes. C'est pourquoi l'identification des besoins s'effectue à la fois par l'apprenant et par l'organisme de formation, qui réunira les consignes de l'institution et ses propres conditions de

1. R. Richterich et J.-L. Chancerel, *L'Identification des besoins des adultes apprenant une langue étrangère*, Conseil de l'Europe, Hatier, 1981.

fonctionnement. R. Richterich et J.-L. Chancerel établissent ainsi un recueil d'informations identifiant les besoins des apprenants, à compléter par les différents partenaires, avant et pendant le processus d'apprentissage, et destiné à établir les objectifs et les contenus du programme de formation.

Actuellement, le *Cadre européen commun de référence pour les langues*[1], élaboré grâce à une recherche scientifique et une large consultation depuis 1991, constitue **un outil complet facilitant l'élaboration de questionnaires d'identification des besoins**. Il décrit l'ensemble des capacités langagières, des savoirs mobilisés pour les développer, et toutes les situations et domaines dans lesquels s'inscrit l'utilisation d'une langue étrangère pour communiquer. Il établit une échelle de six niveaux de référence correspondant à une décomposition des trois niveaux classiques : niveau de base, intermédiaire et avancé :

– Le niveau de base d'un utilisateur élémentaire de la langue (A) se décline ainsi en un niveau introductif ou de découverte et un niveau intermédiaire ou de survie.

– Le niveau d'un utilisateur indépendant (B) se divise en un niveau seuil et un niveau avancé ou indépendant correspondant à une « compétence opérationnelle limitée » ou à « une réponse appropriée dans des situations courantes ».

– Le niveau d'un utilisateur expérimenté (C) s'interprète en un niveau autonome ou de compétence opérationnelle effective permettant d'effectuer des tâches ou études plus complètes et un niveau de maîtrise, le plus élevé, défini aussi comme « une compétence opérationnelle globale ».

Une échelle globale réunit pour chaque niveau l'ensemble des compétences communicatives correspondantes. Cette échelle est complétée par une grille d'auto-évaluation permettant aux apprenants de déterminer leurs principales compétences langagières lorsqu'ils connaissent leur niveau sur l'échelle globale. Cette grille répartit les compétences langagières en trois parties distinctes : comprendre (écouter, lire), parler (prendre part à une conversation, s'exprimer oralement en continu), écrire. Concernant l'oral, une grille classe par niveau de compétences les aspects qualitatifs de l'utilisation de la langue parlée selon les critères suivants : étendue, correction, aisance, interaction et cohérence.

1. *Cadre européen commun de référence pour les langues*, Didier, 2001.

Ces différentes grilles permettent aux concepteurs de programmes d'enseignement d'analyser l'usage de la langue, et ainsi de repérer l'ensemble des compétences attendues des apprenants. Mais il s'agit, comme les auteurs le précisent eux-mêmes[1], « d'un cadre de référence » à consulter par les concepteurs lorsqu'ils établissent leurs questionnaires d'identification des besoins de leurs apprenants. Le Cadre permettra ainsi d'organiser et d'orienter les questions mais en aucun cas d'y répondre. Les réponses reposent complètement sur « l'analyse de la situation d'enseignement-apprentissage et surtout essentiellement des besoins, des motivations, des caractéristiques et des ressources des apprenants ».

7. Des besoins différents au sein d'une même spécialité

Si la spécialité joue un rôle important dans l'analyse des besoins quant aux contenus des discours – les sujets traités dans un laboratoire de biologie ou de géologie sont différents – le paramètre déterminant pour effectuer des choix parmi tous les discours à l'œuvre dans une spécialité reste celui de la *situation de communication*. C'est ce que montre l'exemple ci-dessous.

Formation d'archéologues

A. 1er cas de figure : dans un Institut d'études archéologiques jordanien, les étudiants suivent des cours de français pour avoir accès à l'importante documentation en français qui est à leur disposition dans la bibliothèque.

B. 2e cas de figure : certains de ces étudiants ont manifesté le désir de pouvoir communiquer en français avec les archéologues français qu'ils côtoient sur les champs de fouilles jordaniens.

C. 3e cas de figure : certains de ces étudiants ne travailleront pas comme archéologues (les débouchés professionnels sont peu nombreux) mais comme guides touristiques sur les sites archéologiques en Jordanie.

1. *Idem*, chapitre 4, p. 78.

Cet exemple est éclairant dans la mesure où, dans les trois cas, il s'agit des mêmes personnes cibles et de la même discipline. Malgré cette grande proximité, les compétences langagières visées ne sont pas les mêmes :

En A : Il s'agit d'une formation exclusivement consacrée à la lecture d'ouvrages spécialisés : manuels, livres et revues. Ni l'oral ni l'expression écrite ne sont requis.

En B : Lorsque des étudiants accompagnent des archéologues sur un champ de fouilles, l'aptitude dominante est au contraire l'échange oral. Ils écoutent des explications données par les professionnels confirmés, ils ont à comprendre et à suivre des consignes de travail, ils sont amenés à poser des questions sur le travail. À cela s'ajoutent les discours de convivialité inhérents à tout travail de groupe.

En C : La situation se distingue des deux cas précédents sur deux points fondamentaux : l'activité essentielle d'un guide n'est pas d'écouter mais d'expliquer ; c'est donc l'expression orale, en partie magistrale qui sera visée. Les touristes ne sont pas spécialistes d'archéologie ; les étudiants doivent maîtriser le passage du discours spécialisé à un discours vulgarisé. Il en irait différemment s'il s'agissait de former des archéologues à présenter des conférences entre spécialistes en pays francophone par exemple.

Ces trois cas supposeront donc des montages pédagogiques de forme très différente.

8. Réflexion personnelle sur l'analyse des besoins

A. Étude de cas

Un responsable de centre, hors de France, vous fait part de son intention de créer un cours de « français du tourisme » et vous demande de le construire.

- Quelles questions vous posez-vous ? Quelles questions lui posez-vous ?
- Quels publics supposez-vous que cette offre puisse intéresser ?
- Quels sont les résultats de la première analyse des besoins que vous menez en termes de situations de communication, de types de discours et d'informations culturelles ?

B. Analyse de proposition

Des étudiants de didactique du FLE doivent dresser une première analyse des besoins pour le cas suivant :

Préparer un programme de formation linguistique pour des employés de banque devant recevoir des Français dans leurs pays, hors de la zone francophone.

- Vous trouverez ci-dessous une des réponses apportées à cette consigne :

> Ces employés devront :
>
> – savoir accueillir les clients francophones au guichet et traiter avec eux des opérations de change d'argent, d'ouverture de compte, d'information sur l'état du compte, ou différents problèmes tels que la perte de carte bleue ;
>
> – savoir fournir toutes les informations sur une demande de prêt, une opération de placement ;
>
> – faire remplir des documents écrits.

- Quels commentaires vous inspire cette réponse ?

Vous pourrez confronter votre réponse à celle qui est proposée page suivante.

C. Étude de cas

Quelles hypothèses d'analyse des besoins formuleriez-vous face à la demande suivante ?

Élaborer un programme de formation pour un groupe d'infirmières espagnoles recrutées pour travailler dans les hôpitaux français.

Vous pourrez confronter votre réponse à celle qui est proposée page 43.

Analyse de proposition B : proposition de réponse

- **La demande est précise** dans la mesure où elle circonscrit étroitement un public au sein d'un secteur professionnel – la banque – qui comporte de nombreux acteurs et fonctions. Il s'agit ici uniquement des employés recevant les clients. L'analyse est donc légitimement centrée sur des situations d'accueil du public.
- **Le choix des situations de communication** opéré par l'étudiant est visiblement calqué sur celles rencontrées couramment en France. La validité de cette proposition dépendra naturellement de chaque situation locale. Toutes les banques n'ont pas le même fonctionnement partout. Par ailleurs, les situations évoquées sont celles des résidents et non des touristes : ouverture de compte, demande de prêt, placement. Il faudrait vérifier cette hypothèse dans la mesure où, s'il ne s'agit que d'accueil de touristes, la plupart des situations évoquées sont hors du champ de l'analyse.
- **L'analyse proposée** pointe avec raison un nombre limité de situations de communication. En revanche, les éléments de formation peut-être les plus importants à prévoir – et qui ne sont pas évoqués ici – sont liés aux écarts entre les systèmes bancaires. La compétence nécessaire pour l'employé de banque consistera plutôt à être capable d'expliquer les différences de fonctionnement à ses clients potentiels. Pour cela, il devra être lui-même informé du fonctionnement des banques en France (dans certains pays, le chéquier n'existe pas, toutes les transactions se font en argent liquide). Ce ne sont donc pas seulement les discours *habituellemen*t *échangés* entre employés et clients qui seront intéressants à mettre en œuvre dans la formation, mais la prise en compte par l'employé de banque de ce qu'ignore le client français qui s'adresse à lui et les explications qu'il devra lui fournir.
- **Il en va de même pour les documents écrits :** ils seront dans la langue locale et l'employé aura bien à les faire remplir par le client. Mais pour être plus précis, il faut souligner que c'est à un travail de traduction et d'explication en français sur ces documents locaux que devra être entraîné l'employé de banque. D'où l'importance pour lui de connaître les documents français équivalents.

Étude de cas C : proposition de réponse

Une infirmière doit savoir :

1. comprendre et parler au moment de l'accueil des patients à l'hôpital ;
2. comprendre les prescriptions du médecin, tant oralement que par écrit ;
3. parler avec les patients au cours des soins et des traitements ;
4. parler et communiquer avec les familles des patients ;
5. transmettre les informations concernant les patients lors de la relève ;
6. faire des commandes à la pharmacie ;
7. solliciter un changement de jour de travail ou de garde et le justifier ;
8. appeler l'attention des patients, de la famille, des visiteurs en cas de non observation du règlement de l'hôpital ;
9. comprendre des documents écrits tels que le règlement de l'hôpital, la charte du patient, les notices des médicaments, le dossier médical du patient, les modes d'emploi d'un outil ou d'un équipement médical ;
10. remplir la fiche de soins infirmiers.

Cette analyse des besoins détermine clairement les aptitudes prédominantes à faire développer chez les apprenants : la compréhension et l'expression orale (1 à 8), suivies de la compréhension et l'expression écrite (9 et 10), cette dernière restant très ponctuelle. Il est également important de se poser la question des éventuelles différences de fonctionnement entre un hôpital espagnol et un hôpital français.

Remarque

La réponse apportée ci-dessus concernant les situations de communication et les aptitudes qu'elles mettent en jeu n'est généralement pas obtenue dès la première étape de l'analyse des besoins. Certains éléments, tels les points 6 et 9, moins connus, apparaissent plutôt lors des contacts avec le personnel hospitalier.

nexe

de la demande et analyse des besoins – d'emploi

2

❶ Savoir quel est le **point de départ de la formation**. S'agit-il :
- d'une demande précise d'un partenaire ?
- d'une offre de l'institution dans laquelle vous enseignez ?

❷ **Si la formation répond à une demande précise,** obtenir du demandeur le maximum d'informations :
- de quel métier s'agit-il ?
- dans ce métier, quels postes occupent (ou occuperont) les apprenants ?
- dans quelles situations de communication utiliseront-ils le français ?
- qui seront leurs interlocuteurs ?
- qu'auront-ils à lire, écrire, écouter, dire ?
- seront-ils confrontés à des interlocuteurs ou des situations porteurs de différences culturelles ?
- seront-ils dans des situations qui nécessiteront des adaptations de comportement ?
- quelles informations sous-jacentes à leur activité devront-ils connaître ?

Il vaut mieux essayer d'obtenir ces informations au cours d'un ou plusieurs entretiens avec le partenaire demandeur, lors d'une rencontre si possible ou par téléphone. L'envoi de questionnaires est souvent une méthode peu satisfaisante, qui tend à apporter des réponses générales, quand le questionnaire est renvoyé... L'entretien permet en revanche de faire émerger des données qu'il est difficile de prévoir quand la situation visée n'est pas connue. Par ailleurs, cela prédispose le demandeur à collaborer plutôt que de se comporter en simple client. Ceci est important également pour assurer la réussite de l'étape suivante, qui est la collecte des données.

❸ **Si la formation est une offre de l'institution :**
- clarifier les paramètres qui ont conduit à cette offre :
  a. Hors de la zone francophone :
    - la présence dans le pays de partenaires professionnels : des entreprises françaises recrutant du personnel francophone, des touristes francophones dans la région, etc.

- l'existence de flux de professionnels ou d'étudiants se rendant en France
- autres

b. En France :

- la présence dans la région de lieux attirant des professionnels étrangers (hôpitaux, entreprises de l'aéronautique, etc.)
- des établissements d'enseignement supérieur drainant des flux d'étudiants étrangers
- autres

❹ Si la formation est une offre de certification de la CCIP :

- chercher les lieux professionnels susceptibles d'accueillir les publics ciblés par la formation FOS
- nouer des contacts, chercher des interlocuteurs pouvant renseigner sur ces milieux
- s'informer sur les métiers, les postes, les situations de communication, les contenus des activités langagières.

3

La collecte des données

La collecte des données est probablement l'étape la plus spécifique à l'élaboration d'un programme de FOS. C'est en quelque sorte le centre de gravité de la démarche. D'une part, parce qu'elle confirme, complète, voire modifie largement l'analyse des besoins faite par le concepteur, laquelle reste hypothétique tant qu'elle n'est pas attestée par le terrain. D'autre part, parce qu'elle fournit les informations et discours à partir desquels sera constitué le programme de formation linguistique. C'est celle qui conduit l'enseignant à sortir de son cadre habituel de travail pour entrer en contact avec un milieu qu'il ne connaît pas, *a priori*, et auquel il doit expliquer ses objectifs et le sens de sa démarche pour obtenir les informations dont il a besoin.

1. Les fonctions de la collecte des données

1.1 L'information du concepteur

Lorsque les demandes de formation sont précises, chaque cas est particulier en termes de situations de communication, de contenus, de types de discours et d'arrière-plan culturel. Travailler au plus près de ces réalités suppose pour le concepteur un travail de découverte du milieu concerné et de recueil de données afin de constituer un programme de formation en fonction des réalités culturelles et linguistiques découvertes. Cette démarche n'est d'ailleurs pas différente de celle réalisée par la méthodologie communicative lorsqu'il s'est agi de rapprocher les discours des méthodes de FLE de la réalité des discours quotidiens. Avant de faire apparaître dans les méthodes des dialogues entre copains ou à la terrasse de cafés, il a bien fallu procéder à des enregistrements, ou tout au moins à des observations, pour pouvoir ensuite produire des dialogues plus authentiques que ce qui avait prévalu à une époque où les discours oraux ne faisaient pas encore l'objet de recherches particulières.

Un programme de FOS confronte le concepteur à des domaines qui, le plus souvent, ne lui sont pas familiers. Si les situations de tourisme sont globalement connues des enseignants, il en est tout autrement dans des domaines qui n'appartiennent pas au quotidien de tout un chacun. D'où la nécessité de se livrer à un travail d'enquête sur le terrain. Qui peut imaginer de constituer, sans données de terrain précises, un programme de formation linguistique pour des juristes cubains ayant à suivre des conférences de droit en français ? Que sait-on des actions et des échanges langagiers qui constituent l'univers professionnel d'un médecin étranger venant faire un stage dans un hôpital français ?

Cette étape de prise de contact avec le milieu suppose que le concepteur paie de sa personne : qu'il se déplace, prenne des rendez-vous, explique sa démarche et obtienne la collaboration de ses interlocuteurs. Les nombreuses expériences réalisées dans ce domaine montrent que la difficulté ne réside pas tant dans l'établissement des contacts, où peu de cas d'échecs sont enregistrés, que dans le temps que cela prend et les aléas qui retardent souvent la démarche. Nous le verrons à travers des témoignages de collecte des données à la fin de ce chapitre.

La première fonction de la collecte des données est donc d'**informer l'enseignant-concepteur sur le domaine à traiter, ses acteurs, ses situations, les informations et les discours qui y circulent**. C'est la collecte des données en milieu hospitalier qui a permis au concepteur travaillant sur un programme destiné à des infirmières espagnoles de découvrir un certain nombre de situations telles que « la relève entre deux équipes » ou des discours écrits comme « la charte du patient » ou « la fiche de soins infirmiers » (*cf.* l'analyse des besoins p. 43). C'est en interrogeant des étudiants en anthropologie que l'on découvre l'organisation des études dans ce domaine, ou encore en interviewant un agriculteur que l'on prend connaissance du système des GAEC[1]. C'est en enregistrant des cours magistraux que l'on prend conscience de la complexité discursive de ces productions orales.

1. Groupement agricole d'exploitation en commun.

Nous pouvons illustrer cela à travers un exemple concret. Les transcriptions ci-dessous rapportent des discours échangés sur un chantier de fouilles archéologiques[1]. Nous analyserons, après les avoir lues, ce qu'elles nous révèlent d'une situation peu familière à un enseignant de langue.

• ***Extrait 1***[2]

[...]

Béatrice : Sur ton radier et en fait en élévation, tu aurais que ce que tu as là. Et du coup, le parement extérieur... Ben, peut-être là. Les galets là, euh, faudrait que je dégage mieux. Ben là c'est sûr. Et est-ce que le contrefort est pas venu justement, euh, s'appuyer...

Ça pourrait être ça. Parce que là effectivement on n'est pas forcément dans quelque chose très bien construit. Et pourtant on a le mortier, on a tout ce qu'on veut mais...

Tu vois ça par contre, c'est plausible hein ! Effectivement ils se sont servi d'une partie de l'abside pour... Ils ont conservé cette partie-là en fait pour s'en servir comme radier. L'autre partie ils en avaient plus besoin mais cette partie-là, ils en avaient besoin pour construire leur mur.

Aurélie : Non mais ça en plus ils ont... qu'après...

Béatrice : En plus...

Aurélie : Ça pouvait être encore plus haut.

Béatrice : Ça leur fait une sorte de banquette le long et puis après quand ils ont fait le contrefort, ben, c'est pareil ils ont gardé juste cet angle, enfin juste cette partie-là parce qu'ils en avaient besoin et pour leur mur et pour, euh, et puis pour le contrefort en fait. Du coup le reste ça a pu être détruit aussi pour construire, ben, peut-être le mur, d'ailleurs. Ils ont peut-être réutilisé ça [...]

1. Chantier de fouilles dans l'Ain, juillet 2003, discours recueillis par Barbara Delaporte, DESS *Acquisition et didactique des langues*, Lyon 2.

2. Avertissement

Cet ouvrage comporte de nombreux discours oraux. Leur présentation pose le problème du mode de transcription. Dans le cadre des recherches en sciences du langage, l'oral est transcrit sans la ponctuation habituelle (qui est celle de l'écrit) avec un codage marquant les mouvements de la voix et les pauses. Compte tenu des difficultés que cela peut poser aux lecteurs peu accoutumés à lire des transcriptions, les auteurs ont maintenu la ponctuation écrite, malgré l'imperfection de ce mode de restitution de l'oral.

Cet extrait illustre une dimension fondamentale de la recherche et des discours archéologiques qui est l'interprétation, la recherche du sens à donner à ce que l'on découvre. Les premiers discours tenus sur les fouilles sont des hypothèses (*est-ce que le contrefort est pas venu justement, euh, s'appuyer ?... Ça pourrait être ça*), des arguments en faveur de telle ou telle interprétation (*tu vois ça par contre, c'est plausible hein ! Effectivement ils se sont servi d'une partie de l'abside*), des reconstitutions encore incertaines (*le reste ça a pu être détruit aussi pour construire, ben, peut-être le mur d'ailleurs*), l'expression de problèmes également, face à des données apparemment paradoxales (*on n'est pas forcément dans quelque chose très bien construit. Et pourtant on a le mortier, on a tout ce qu'on veut mais...).* Seule la collecte de données réelles permet de prendre la mesure de l'importance de ce phénomène interprétatif.

• ***Extrait 2***

[...]

Béatrice : C'est quoi ?

Adeline : Alors c'était un...

Béatrice : Tu dis que c'est démolition, Aurélie, ou radier de fondation ?

Aurélie : Non radier plutôt.

Béatrice : Radier de fondation. Donc tu vas voir « niveau de construction ». Alors tu coches là et tu mets « radier de fondation ». Donc là c'est forcément compact et homogène. Ensuite les sédiments, c'est fait en quoi ?

Adeline : Ben, c'est du galet.

Béatrice : C'est du galet.

Adeline : La couleur elle est...

Béatrice : C'est du gris puisque y a du galet donc euh...

Adeline : Gris ouais.

Béatrice : Inclusion, ben y en a pas, hein ?

Adeline : Non apparemment. Y a du mortier, non ?

Béatrice : Oui mais comme c'est une démolition en fait... comme c'est un radier de fondation en fait t'as forcément du mortier qui relie le tout.

Adeline : Donc sépulture, non...

Béatrice : Prélèvement... tu voudras faire un prélèvement du mortier de ton radier ?

Aurélie : Ouais.

Béatrice : Donc on marquera, tu te souviens on est à combien là ? Tu n'en as pas fait de prélèvement dans le sondage de...

Adeline : C'est le deuxième.

.../...

.../...

Béatrice : Donc c'est UE2 dans ton cahier de fouilles. Donc UE2. Mobilier, y en a pas. Fouilleur c'était Aurélie. C'était hier, on était le 5 ?

Adeline : 7.

Béatrice : 7.

[...]

Ce discours[1] montre une des activités des champs de fouilles qui consiste à relever les données sur des fiches en remplissant les rubriques préétablies. Un exemplaire de la fiche vient naturellement compléter ce dialogue lors de la collecte des données. Signalons au passage que le concepteur du programme a, d'une certaine manière, été aidé dans sa collecte de discours, en ce sens que la présence d'une stagiaire, Adeline, en formation sur le site, a amené la responsable du chantier à verbaliser une activité qui d'habitude se fait silencieusement.

Zone | Secteur | Sdge

Fait | U.S. | Sous / Sur ______ SYNC

NGF chantier — Niveau jour — NGF jour

Cotes	Sup.	inf.
Max.		
Mini		

NGF	Sup.	inf.
Max.		
Mini		

Sous ______ Remplit ______ Égale à ______
Sur ______ Coupé par ______ Sync ______

Interprétation
- ☐ ?
- ☐ Niv. construction
- ☐ Niv. occupation
- ☐ Niv. circulation
- ☐ Niv. destruction
- ☐ R. destruction
- ☐ R. Nivellement
- ☐ R. construction
- ☐ Sol
- ☐ Sol de dalles
- ☐ Abandon
- ☐ Alluvions
- ☐ Colluvions
- ☐ Substrats

☐ Compacte ☐ Homogène
☐ Meuble ☐ Hétérogène

Type sédiment
- ☐ marnes
- ☐ argiles
- ☐ limons
- ☐ sables
- ☐ graviers
- ☐ cailloux
- ☐ galets
- ☐ blocs
- ☐ marneux(ses)
- ☐ argileux(ses)
- ☐ limoneux(ses)
- ☐ sableux(ses)
- ☐ graveleux(ses)
- ☐ caillouteux(ses)
- ☐ pierreux(ses)
- ☐ calcaire
- ☐ granit

Couleur
- ☐ blanc
- ☐ gris
- ☐ noir
- ☐ beige
- ☐ jaune
- ☐ orange
- ☐ rouge
- ☐ marron clair
- ☐ marron foncé
- ☐ vert bleu

Inclusions
- ☐ charbon de bois
- ☐ terre cuite
- ☐ chaux
- ☐ mortier
- ☐ pierres
- ☐ végétaux
- ☐ escargots
- ☐ enduits

☐ Sépulture

☐ Prélèvement ______

mobilier ☐ oui ☐ non

Fouilleur ______
Date ______
Type fouille ______

Minute n° ______
Cahier de fouilles ______

Photo
☐ Diapo n° ______
☐ NB n° ______
☐ Coul n° ______

1. Nous ne pouvons le présenter ici que dans sa dimension verbale et sous forme écrite. En situation d'enseignement, il serait diffusé en vidéo.

• *Extrait 3*

[...]

Béatrice : On va prendre le risque de le laisser en place ce soir. Normalement...

Adeline : Pourquoi le risque ?

Béatrice : Et ben parce que le risque est que 1, ça... il pleuve, imagine, il pleut et puis voilà ça ruisselle partout les eaux vont monter. 2, un chien qui passe, tiens je vais voir, je vais aller faire un petit trou, je vais voir ce qui se passe. Euh, tout simplement quelqu'un, oh je suis bourré, oh des os, machin, on marche dessus. Enfin il peut se passer douze mille choses sur des sépultures. Normalement des sépultures, jamais tu les laisses en place surtout quand t'es en zone habitée. Après, comme le disait Aurélie, ici qui est-ce qui a vu qu'il y avait une sépulture ? Personne ne passe là, c'est pas une voie de communication, ça mène chez eux donc les gens ne viennent pas, les gens savent pas. On aurait été là-bas, déjà y avait un peu plus de monde qui aurait vu à cause de l'autre propriété donc on va essayer de mettre...

Aurélie : C'est vrai que, normalement, c'est, euh, la sépulture est fouillée, prélevée...

Béatrice : Fouillée, prélevée, photographiée. Tu prends tes cotes tu fais tout mais tu le laisses pas mais bon là, effectivement, il faut qu'on arrive à savoir si, si il est cassé par cette structure au milieu, qui c'est ça, est-ce que c'est un autre individu ? Est-ce que c'est le même individu ? Est-ce que... Faut que tout soit dégagé correctement puis, comme ça, quand Aurélie appellera Anne demain, elle dira « bon, ben voilà, qu'est-ce que je fais ? ». Parce que le problème c'est qu'on n'a pas le droit de le prélever sans son autorisation parce que elle, elle va peut-être dire à Aurélie « tu touches rien, tu remblaies ». C'est ce qu'on appelle *geler*, c'est ce qu'on a fait à Saint-Jean, nous on a fait ça, on a vu, on a photographié, on a dessiné, et après on a recouvert.

[...]

Cet extrait fait apparaître un autre aspect du travail des archéologues, qui concerne les précautions à prendre avant de quitter le chantier. Aucun objet mis à jour n'est laissé en évidence. Il faut le retirer ou au contraire le recouvrir. Les raisons de ces précautions sont clairement expliquées. Les dernières paroles de Béatrice révèlent aussi qu'un chantier est dirigé par un responsable absent du chantier, qu'il faut contacter (*quand Aurélie appellera Anne demain*) et qui, à distance, donne des instructions (*elle va peut-être dire à Aurélie « tu touches rien, tu remblaies »*).

Il faut souligner que cette fonction d'information remplie par le travail de terrain est importante y compris pour les domaines connus du concepteur. Être familier de certaines situations en tant que locuteur ne signifie pas avoir une conscience claire de ses discours oraux. Si nous sommes les uns et les autres capables de reconstituer les discours écrits que nous produisons dans diverses situations (petits mots, lettres diverses, rapports, articles, poèmes, etc.), il en va tout autrement des discours oraux. Le processus de production des discours écrits suppose une prise de distance, une réflexion ; ils sont généralement relus, peuvent être corrigés, autant d'opérations qui font que nos écrits sont des objets que nous connaissons bien. En revanche, les discours oraux, du fait de leur spontanéité et de leur fugacité, sont rarement l'objet d'une réflexion de la part de ceux qui les produisent. Émis en même temps qu'ils sont produits, ils ne laissent aucune trace matérielle. Il est difficile d'avoir une prise de distance et donc de les connaître vraiment[1].

1.2 La constitution de supports pédagogiques

La seconde fonction de la collecte des données concerne plus directement la *dimension didactique* en ce sens que les données collectées constitueront, à des degrés divers, la base de certains supports de cours utilisés pendant la formation. Selon les caractéristiques des documents, différents usages sont envisageables :

- *1er usage :* Les données recueillies peuvent être utilisées dans leur forme originale : cela concerne surtout les documents écrits ou iconiques et les discours oraux *distanciés*. Nous désignons par ce terme les discours oraux préparés, s'adressant à un interlocuteur peu ou pas connu, discours qui peuvent de ce fait être compris d'un interlocuteur

1. Cette réflexion concerne naturellement les discours oraux *spontanés* et non les discours préparés tels que les conférences ou les bulletins de radio, qui, eux, font l'objet d'un traitement cognitif très proche de celui de l'écrit. D'où l'importance de cette étape d'enregistrement de productions langagières *in situ*, pour prendre réellement connaissance des situations de communication ciblées par le projet.

extérieur, comme l'est tout apprenant. C'est le cas des discours tels que les conférences, les cours, les documents radio ou télévisés. Selon leur longueur, ils seront utilisés intégralement ou en extraits.

• 2e *usage :* Les données peuvent être traitées, modifiées, pour être rendues plus compréhensibles. C'est le cas lorsque les discours sont complexes et qu'il est nécessaire de les simplifier pour les adapter au niveau du public ou pour construire une progression. Il est ainsi possible de supprimer certaines parties d'énoncés. La manipulation permet de conserver l'information essentielle en éliminant des données secondaires qui peuvent la rendre inaccessible à des apprenants de niveau linguistique moyen, comme l'illustre l'exemple suivant, extrait d'un cours d'histoire[1] :

• ***Extrait 4***

[...] En même temps que ce phénomène d'urbanisation, il faut prendre en compte la croissance de la main-d'œuvre et le problème du chômage. Vous savez bien que les Français ne travaillent pas assez parce qu'ils ne veulent pas travailler et que 10 % de la population active française souhaiteraient beaucoup travailler. Je fais allusion ici bien sûr aux 10 % officiels de chômeurs dans la population française. Mais le contexte global en matière de travail dans le monde va se résumer de façon assez facile et accablante. Les pays en développement disposent des deux tiers de la main-d'œuvre en produisant, vous vous en souvenez, 15 % des richesses consommées. Lorsqu'ils disposeront des trois quarts de la main-d'œuvre, voire des quatre cinquièmes de la main-d'œuvre, pourront-ils ne disposer toujours que de 15 % des richesses consommées ? Lorsqu'ils représenteront 9 milliards des 10 milliards de Terriens, pourront-ils ne se contenter que de 15 % des richesses consommées ? [...]

L'information centrale est relativement simple à comprendre, aussi bien sur le plan notionnel que linguistique. D'autant que l'enseignant parle assez lentement pour permettre aux étudiants de prendre des notes. Mais une partie de cet extrait pose problème, à savoir la parenthèse de connivence introduite à la deuxième phrase : *Vous savez bien que les Français ne travaillent pas assez parce qu'ils ne veulent pas*

1. M. Boyer, *Histoire du monde contemporain*, Institut d'études politiques, université Lyon 2, octobre 2003.

travailler et que 10 % de la population active française souhaiteraient beaucoup travailler. Je fais allusion ici bien sûr aux 10 % officiels de chômeurs dans la population française.

Celle-ci évoque – de façon ironique, qui plus est – une actualité, contemporaine du cours, sur la question des retraites. Elle ne peut de ce fait être comprise que par les étudiants français ayant suivi de près cette actualité. Elle est inaccessible aux étudiants non francophones faiblement intégrés et ayant une compétence linguistique limitée. Afin d'utiliser ce cours dans la formation linguistique, il est préférable de supprimer ces types d'énoncés et de débarrasser l'information principale de ces éléments de complexité. Matériellement, pour le concepteur, cela peut se faire de deux manières : soit sur ordinateur, à l'aide d'un logiciel de traitement du son (de manipulation simple), soit en réenregistrant les passages de cours pour les utiliser modifiés. Il en va de même, par exemple, avec les passages soulignés dans l'extrait suivant[1] :

• ***Extrait 5***

[...] Alors aujourd'hui le concept de tiers-monde est un peu mis au placard, on l'utilise quasiment plus, ça fait partie des figures historiques. On parle au contraire de sud et on met généralement l'expression... on utilise l'expression *les* sud mais sans mettre de s à sud évidemment. Et dans la catégorie des sud on établit un certain nombre de distinctions. Alors dans les sud il y a un certain nombre de distinctions et on va distinguer plusieurs types de pays. On distingue donc plusieurs types de pays. On va distinguer d'abord les PMA, les pays les moins avancés, donc là vos souvenirs de géographie sont encore très présents, les pays les PMA donc, les pays les moins avancés, ils se caractérisent par trois critères [...]

En effet ces éléments peuvent complexifier la compréhension, et il peut être judicieux de les supprimer. Il s'agit, d'une part, de reformulations métaphoriques (*est mis au placard* et *fait partie des figures historiques* sont des synonymes de *on l'utilise quasiment plus*), d'autre part, d'une connivence s'adressant clairement à des étudiants français (*donc là vos souvenirs de géographie sont encore très présents*), éléments qui peuvent être isolés d'une information principale qu'ils perturbent plus qu'ils ne la complètent pour des auditeurs non francophones.

1. G. Iacono, *Relations internationales*, Droit 1re année, université Lyon 2, octobre 2000.

Remarque

Il est un autre type de traitement – élémentaire mais indispensable – auquel doit se livrer le concepteur utilisant un discours authentique comme support pédagogique qui est la (re)mise en situation ou *recontextualisation*. Tout discours oral s'inscrit dans un lieu et un espace déterminés qui rendent très souvent inutile la verbalisation de certaines données telles que l'identité des locuteurs et le lieu où se déroule l'échange. Ces données doivent en revanche être explicitées lorsque ces discours, extraits de leur situation initiale, deviennent des documents pédagogiques. Cela consiste, par exemple, à insérer, au début de l'enregistrement, une phrase introductive du type « Béatrice, archéologue, explique à une stagiaire comment remplir une fiche de relevé » ou « Une visite chez l'ophtalmologue ». Dans le cas d'un document vidéo, un titre sur l'écran peut être inséré.

• *3e usage* : Enfin, les données collectées peuvent ne pas être employées en tant que telles mais servir de base d'information à la constitution de documents fabriqués. Des discours complexes comme ceux des archéologues vus précédemment ne peuvent certes pas être utilisés sous leur forme authentique. Très fortement liés à la situation de communication qui les a générés, ils sont peu compréhensibles une fois qu'ils en sont extraits. Mais l'analyse qu'en fait le concepteur, pendant et/ou après la collecte, permet de dresser des schémas de dialogues qui pourront être créés et enregistrés comme le sont les dialogues des méthodes de FLE généralistes, sous une forme répondant aux exigences de cohérence et de compréhensibilité. La trame suivante peut par exemple être conservée :

Deux archéologues discutent sur un site autour d'un vestige de construction ; ils émettent des hypothèses sur ce qu'ils sont en train de mettre à jour ; ils évoquent les techniques de relevé et de photo.

Ces dialogues devront être soutenus par des éléments iconiques, photos ou schémas, permettant de restituer la dimension visuelle sur laquelle s'appuie ce type de discours.

Le chapitre suivant étudie le cas d'un texte fabriqué à partir de lectures d'ouvrages sur les châteaux omeyyades de Jordanie (p. 104). Les ouvrages spécialisés consacrés à ce sujet représentent un support trop lourd pour être utilisés tels quels. Le concepteur en a donc tiré des informations qu'il a résumées et présentées sous une forme linguistique accessible aux apprenants concernés.

2. Comment collecter les données culturelles ?

Les discours circulant dans un milieu sont des données explicites, mais ils s'appuient sur un vécu partagé, une culture ou des habitudes communes au milieu qui, elles, sont essentiellement implicites. Ces données culturelles – concernant le fonctionnement des institutions ou les comportements des individus – qui favorisent une meilleure compréhension des discours produits ne relèvent pas de ce qui est directement observable dans les situations cibles et échappent, *a priori*, à la collecte des données. Il est donc nécessaire de s'interroger dans chacune des situations traitées sur la manière de recueillir ce type de données.

Le moyen le plus simple à mettre en place est probablement l'*interview*, qui permet de faire expliciter par un interlocuteur un certain nombre d'informations sous-jacentes à son discours. Ainsi, des médecins et des infirmières peuvent être interrogés sur certains aspects déterminants dans les situations hospitalières :

– l'organisation d'un service ;
– le mode de recrutement du personnel hospitalier, ses statuts ;
– le degré d'autonomie dont disposent les infirmières dans leur activité auprès des malades en matière de traitement, etc.

Pour mieux comprendre les discours sur les chantiers de fouilles, les enregistrements analysés plus haut peuvent être complétés par des interviews d'archéologues. En voici un exemple :

• ***Interview d'une étudiante en archéologie***

[...]

– *Est-ce que tu peux plus en détails nous décrire par exemple une journée de chantier ?*

– Oui, oui. Donc une journée de chantier, ça se passe tout bêtement. On commence pas très tôt. Ça dépend effectivement du contexte climatique dans lequel on se situe, mais en général, une journée commence vers 8 h. Donc comme une journée de boulot normale. En général, tout le matériel est déjà sur place. Donc il faut simplement aller sur le chantier. La veille, on a tout bâché parce que il faut tout protéger, tout ce qui est en sous-sol, et ce qui est en élévation. Tout ce qui a été décroûté, tout ce qui a été dégagé. Donc on commence par enlever toutes les bâches. On vérifie tout ce qui est normes de sécurité, c'est primordial sur un chantier. Vérifier tout ce qui n'a pas été pillé. Bon, moi ça m'est jamais arrivé, mais il faut vérifier tout ça.

.../...

.../...

Faire une espèce de pointage un petit peu avec tout le monde « bon ben voilà... », faire un petit débriefing par rapport à la journée d'avant. [...] Quand tu es responsable, tu as ce qu'on appelle un cahier de fouilles. Donc toi tu notes, mais tout vraiment tout [...]

Donc ta journée se passe, ben tu grattes, tu dégages... Un élément qui te semble important, ben il faut nettoyer cette zone-là, la prendre en photos, avec tout un système de toises, de petites ardoises, pour qu'on sache où c'était, indiquer le creusement, etc. Sur le chantier en général tu as un archéologue qui est spécialisé dans le dessin, donc tu lui fais relever en plus de la photo. Et selon ce que c'est, par exemple si ce sont des carreaux de pavement, ben tu les dégages, un par un, tu les numérotes aussi, et puis après ben tu continues à descendre. Une journée de travail en général, c'est, à moins que les conditions de travail soient vraiment trop difficiles au point de vue du temps etc., en général, tu travailles entre huit et dix heures. Parce que tu... c'est minutieux et c'est vrai que tu peux rien faire en deux heures, donc ça s'étale très rapidement [...] Et puis le soir, c'est pareil. Une fois que tout est terminé, on nettoie tout, c'est une des règles de base. Il faut que tout soit nickel sur le chantier. Tu ranges tout ton matériel, pareil, tu rebâches. Un petit briefing de la journée, et puis voilà. [...]

Concernant les formations de la CCIP, il est nécessaire de présenter aux apprenants la notion de culture d'entreprise, pour une meilleure compréhension des documents de communication interne et de la vie des entreprises françaises, lieux de travail caractérisés par des situations communicatives où circulent des documents « fortement ritualisés », pour reprendre la formule d'Odile Challe[1]. Cette culture d'entreprise, fruit de l'histoire, empreinte d'un certain paternalisme, avec des relations fortement hiérarchisées et centralisatrices, se manifeste à travers des situations et des discours qui ne relèvent pas exclusivement de l'activité professionnelle au sens strict :

– relations entre cadres : conversations en dehors des réunions de travail (cantine, pause...), textes à usage interne par la messagerie du réseau ;

– échanges entre cadres au cours des séminaires de remotivation ou des séances de formation continue ;

1. O. Challe, *Enseigner le français de spécialité*, Paris, Économica, 2002.

– relations hiérarchiques : conversations hors situations de travail entre chefs de services et employés, documents de gestion des demandes personnelles des employés (jours de RTT, demandes exceptionnelles, etc.) ;
– relations de convivialité : conversations entre employés au cours des manifestations sociales qui rythment la vie de l'entreprise (pot de départ en retraite, pot de fin d'année, etc.) ;
– relations syndicales : documents et correspondances, entretiens entre syndicats et direction au cours des réunions relatives aux personnels ;
– actions du comité d'entreprise : documents (notes internes, correspondances, formulaires) relatifs à la gestion des activités hors entreprise (loisirs, centre de vacances, clubs sportifs, animations culturelles).

Ces discours, nécessaires à la compréhension de la notion de « culture d'entreprise », sont difficiles à collecter directement. Il est possible de se procurer, dans une certaine mesure, des documents écrits non confidentiels. En revanche, l'enregistrement des conversations ou des entretiens s'avère quasi impossible. L'enseignant a alors recours à des interviews de personnels des entreprises faisant part de leur propre expérience.

Les réflexions qui précèdent montrent bien que le terrain n'offre pas de manière immédiate toutes les données qu'il serait souhaitable d'intégrer dans les formations. Recueillir des données ne consiste donc pas simplement à promener son micro ou sa caméra dans les situations ciblées et/ou à collecter des écrits. Cela suppose souvent aussi un travail de reportage, de recherche d'explications auprès des acteurs des milieux concernés. Deux types de données fournis par le terrain peuvent ainsi être distingués : d'une part, les discours *existants*, qui circulent naturellement, d'autre part les discours *sollicités* par le concepteur pour les besoins de la formation dont le rôle d'explicitation des situations traitées est essentiel. C'est le principe du reportage qui allie données immédiates et données reconstituées.

3. Quelques exemples de collecte de données

A. Agriculteurs ukrainiens

Le concepteur du programme – en l'occurrence un enseignant français de retour d'Ukraine – a pris contact avec l'un des exploitants agricoles partenaires du programme TACIS accueillant en formation quelques-uns de ces agriculteurs. La région concernée était le Limousin, dans le Centre de la France. Il l'a interrogé sur le déroulement du séjour des Ukrainiens et leurs activités. Cela lui a permis dans un premier temps de se familiariser avec les situations et de faire des hypothèses sur les formes de discours dominantes (place respective de l'oral et de l'écrit, échanges dialogués ou monologues, etc.) et sur les contenus de ces échanges. Il a obtenu ensuite l'autorisation de se rendre dans l'exploitation et de procéder à des enregistrements filmés des activités. Cette collecte des données a comporté également un travail de reconstitution de certaines informations, par exemple la transformation en données langagières d'informations strictement visuelles : face à une séquence filmée montrant un agriculteur sur son tracteur en train de répandre un produit sur son champ, il était nécessaire de faire verbaliser les données visuelles sous forme d'interview ou de commentaire en voix off. Les différentes situations dans lesquelles se trouvent impliqués les agriculteurs ukrainiens ont été ainsi enregistrées. Au moment où l'enregistrement a été réalisé (printemps 2002), le tournage des données a duré trois jours et a abouti au recueil suivant :

- Interview du responsable français, hôte d'un jeune agriculteur ukrainien et président de l'association partenaire, expliquant :
  - l'aspect institutionnel du programme TACIS ;
  - les modalités de séjours des agriculteurs ukrainiens ;
  - les différentes tâches à accomplir tout au long de l'année ;
  - les relations à la Politique agricole commune ;
  - la prise en compte de l'environnement dans les méthodes de production.
- Interviews d'agriculteurs voisins à propos de leur exploitation
- Témoignage en français d'un agriculteur ukrainien en séjour à propos :
  - de son parcours professionnel ;
  - de ses activités dans la ferme du Limousin.
- Enregistrement d'un repas en famille
- Film sur les différentes tâches réalisées dans la ferme au cours d'une journée.

B. Guides touristiques jordaniens

Il s'agit ici d'une institution scolaire dont la documentation académique est surtout livresque et universitaire. L'enseignant de français a dû concevoir son programme à partir de la collecte de données exogènes complétées par les textes didactiques relatifs à l'histoire et à la géographie de la Jordanie.

C'est au sein du programme de formation continue de guides déjà en activité que les premières données ont été collectées :

– conférences en français sur les institutions politiques et la situation économique de la Jordanie, assurées par des chercheurs en sciences humaines et sociales ;

– conférences en français sur la géographie physique, l'histoire contemporaine et l'archéologie des différents sites touristiques, par des archéologues et des géographes francophones ;

– interview d'un guide francophone en activité sur sa pratique professionnelle et ses remarques sur la gestion d'un groupe de touristes français ;

– enregistrement par l'enseignant d'une visite guidée sur le terrain ;

– comptes rendus de visites réalisés par l'enseignant observant une visite guidée sur site, lorsque l'enregistrement n'était pas possible ;

– entretiens avec des touristes français, en particulier sur leurs représentations de la Jordanie.

Il apparaît ainsi, dans la situation de communication particulière qui réunit le guide et le groupe de touristes au cours d'une visite, que la compréhension des composantes culturelles françaises est nécessaire, d'autant plus que ces dernières sont accentuées par les réflexes identitaires que le groupe constitué développe lors d'un séjour dans un pays étranger. Un groupe de touristes français exprime son identité, ses besoins, ses craintes en fonction non seulement de ses propres caractéristiques socioculturelles mais aussi de ses représentations du pays d'accueil et de ses habitants, de sa façon de voyager et de concevoir les visites, les contacts et l'organisation générale.

C. Personnels hôteliers

La prise en considération de ces aspects est pertinente également dans la collecte des données pour les personnels hôteliers. En effet, les serveurs, les réceptionnistes, le personnel de chambre, les maîtres d'hôtel, les bagagistes, etc. sont souvent les premiers (voire parfois les seuls) représentants du pays visité par les touristes. Ils revêtent par conséquent, aux yeux des visiteurs étrangers, les traits caractéristiques de la culture du pays d'accueil, avec tous les risques de stéréotypes que cela comporte. L'acquisition par ces personnels d'une compétence culturelle apparaît nécessaire et passe par le recueil de données authentiques mettant en présence les apprenants et des touristes français en situation réelle de communication de services, sur les lieux mêmes où se déroulent ces échanges.

L'avantage notable du concepteur, par rapport à celui du programme des agriculteurs ukrainiens par exemple, réside dans la proximité du lieu de formation – les hôtels à Amman – où il a pu se rendre pour collecter les différentes données et réaliser les enregistrements. De même, la formation s'est tenue dans les hôtels, sur le lieu de travail des apprenants, avec parfois le concours de touristes français.

Le concepteur du programme a pu ainsi collecter les données suivantes :

– documents types internes de l'hôtel (plans, brochures, affiches, questionnaires, factures, fiches, etc.) ;

– dialogues issus des situations hôtelières entre employés et clients, reconstitués à partir d'entretiens avec les personnels, ou même enregistrés sous forme de jeu de rôles entre eux et les enseignants ;

– interview des personnels sur leur pratique professionnelle et leurs observations sur les comportements des clients français ;

– interview de la direction de l'hôtel ;

– enregistrement d'une visite guidée de l'hôtel ;

– questionnaires écrits (remplis de façon anonyme) que certains hôtels fournissent aux touristes français pour connaître leurs réactions sur l'accueil, le confort, la nourriture, le service, etc. ;

– interview de touristes français.

La direction des hôtels émet parfois des réserves lorsque la clientèle est sollicitée par l'enseignant pour collecter des données sous forme d'interviews, craignant d'embarrasser les clients. Dans les faits, cette démarche auprès des touristes est plutôt facile et perçue de façon très positive dans la majorité des cas. La clientèle francophone ainsi sollicitée apprécie d'être prise en considération et a le sentiment qu'un effort est consenti pour améliorer son séjour. La difficulté dans la collecte des données n'apparaît pas toujours là où on l'imagine...

D. Agronomes égyptiens

Dans ce cas, comme dans le précédent, la proximité du lieu de formation des chercheurs agronomes égyptiens, ainsi que l'abondante documentation en français reçue par l'unité de recherche, dont le matériel a été fourni par la France, a facilité la collecte des données.

L'enseignant chargé d'établir le programme s'est rendu à plusieurs reprises sur les lieux de l'unité laitière avant le début des cours et a pu réunir des documents constituant l'environnement des chercheurs :

– enregistrement d'une visite guidée des installations réalisée par les chercheurs eux-mêmes (partie industrielle de traitement du lait et de fabrication de produits laitiers, laboratoire de recherche) ;

– notice ou brochure en français de chaque machine envoyée par le fournisseur : cuve de récolte, stérilisateur, homogénéisateur, pasteurisateur, baratte, réservoir de stockage, chaudière, machine pétrisseuse, conditionneuse, machine de fusion, centrifugeuse ;

– correspondance envoyée par les partenaires français (bon de commande, liste de matériel, demande de résolution de problèmes techniques, échanges de correspondance en vue de rencontres, lettres d'invitation) ;

– compte rendu écrit et oral (enregistré) des expériences réalisées ou en cours de réalisation ;

– livres théoriques sur les propriétés du lait, les techniques de production laitière, les affections du lait dues aux maladies de la vache laitière (mammites) ;

– revues scientifiques en français (*Cultivar*) ;

– questionnaire sur les recherches en cours : identification d'un gène prépondérant dans le processus de conservation des produits dérivés du lait, son isolement, puis sa réimplantation et son développement ;

– entretien téléphonique avec le partenaire français pour connaître la nature du séjour en France envisagé pour les chercheurs, ses contacts sur place, le travail à réaliser, le lieu de travail, les types de situations de communication prévues avec les collègues français dans le cadre de la recherche et hors cadre.

Les principales difficultés rencontrées lors de la collecte des données ont été surtout de type linguistique : une partie des données était apportée par les chercheurs eux-mêmes et leur niveau de langue n'était pas toujours suffisant pour expliquer et décrire leur univers professionnel. Le recours à leur langue maternelle ou à une langue commune comme l'anglais, langue d'enseignement scientifique dans leur parcours universitaire, a été souvent nécessaire, avec les risques d'erreurs que les traductions peuvent engendrer.

Par ailleurs, les données linguistiques ou extra-langagières, liées aux situations interculturelles auxquelles ces chercheurs peuvent se retrouver confrontés dans leurs relations avec leurs interlocuteurs français (au cours d'une visite de ces derniers à Alexandrie, par exemple) sont difficiles à mettre en évidence et à faire assimiler. Il convient de s'interroger sur la part de culturel, voire de culture française scientifique, dans les énoncés produits dans des situations de communication entre chercheurs, et sur la manière de collecter de tels corpus. Dans le programme de l'unité laitière, la production de fromages revêt un caractère fortement culturel dans la langue cible en ce qui concerne, par exemple, le conflit entre le fromage au lait cru – propre au terroir et à la tradition – et le fromage pasteurisé.

4. Ressources pédagogiques sur Internet

Les ressources disponibles sur Internet[1] constituent également un outil de recueil des données, en particulier pour les enseignants éloignés de l'environnement francophone. Parmi le nombre considérable d'adresses virtuelles consacrées à des domaines spécialisés, nous ne pouvons indiquer ici que certains sites concernant différentes branches d'activités évoquées dans l'ouvrage (médecine, affaires, secteur agricole, etc.) pour lesquels ils offrent une base de données pédagogiques ou, au minimum, un ensemble d'informations utiles à l'enseignant.

Parmi les ressources disponibles dans le domaine du français des affaires, utiles pour se familiariser avec la culture de l'entreprise, le **site de la CCIP, http://www.fda.ccip.fr/**, en particulier sur son nouveau lien *Mélopée*, propose des fiches de synthèse téléchargeables, des exercices d'application à faire en ligne (dont certains documents audio) présentant les notions essentielles de l'économie générale et du fonctionnement de l'entreprise, une bibliographie sélective sur le domaine (ouvrages et médias), etc.

Les activités et exercices sont classés par thèmes de spécialité (production, revenus, consommation et épargne, etc.) ou par situation de communication professionnelle (manifestations professionnelles, recherche et offre d'emploi, voyages et déplacements, etc.). Par ailleurs, la rubrique « communication écrite » comporte des modèles de documents authentiques internes à l'entreprise constituant des données utiles pour l'enseignant qui n'aurait pas accès à ce milieu professionnel dans sa région d'exercice.

1. L'ouvrage *Les 500 Sites Internet, français langue étrangère*, de Ch. Guyot-Clément, J.-L. Penfornis, Pierre Le Fort, Sylvie Le Page et Martine Blanche (Belin, 2003), dispose d'une partie consacrée au FOS.

Une sitographie proposant une sélection de sites présente des données actualisées sur le monde des affaires.

D'autres sites sont également destinés aux enseignants en charge de programmes de FOS, parmi lesquels nous pouvons citer **http://crfos. univ-fcomte.fr/**, le **Centre de ressources pour le français sur objectif spécifique**, site consacré au FOS du Centre de linguistique appliquée de l'université de Besançon. Ce site permet aux enseignants d'avoir accès à des fiches de présentation d'articles spécialisés, à des ouvrages de références, à des méthodes et des comptes-rendus de formation linguistique ainsi qu'à des fiches pédagogiques de FOS. Il peut être aussi alimenté par les enseignants.

Destinés plus particulièrement à des internautes spécialistes du domaine ou à des profanes cherchant à se familiariser avec une discipline spécifique, les sites suivants constituent un recueil intéressant de données relatives aux domaines de Français de Spécialité où les enseignants peuvent puiser certains documents à utiliser dans le cadre d'une activité pédagogique.

➤ Droit et administration (documentation) :

• **http://www.service-public.fr/formulaires/ :** ce site permet de télécharger toute sorte de formulaires administratifs officiels.

• **http://www.legicite.com :** moteur de recherche juridique, ce site recense plus de 300 sites juridiques.

➤ Domaine professionnel et scientifique :

• **http://www.terre-net.fr** : entièrement dédié au monde agricole, ce site comprend des informations pratiques, des articles de presse, des dossiers sur des thèmes agricoles, des données économiques et des forums de discussions.

• **http://phys.free.fr** : site interactif de physique et chimie, ce site est plus particulièrement destiné à un public scolaire mais les enseignants peuvent y trouver des exercices, des comptes-rendus d'expériences, etc.

➤ Dans le domaine médical, parmi les sites universitaires et ceux destinés à un public plus large, citons :

• **http://www.chups.jussieu.fr** : il s'agit du site de la faculté de médecine Pitié-Salpêtrière (université Paris VI). Il comporte des ressources pédagogiques en ligne très complètes destinées plutôt à un public d'étudiants en médecine.

• **http://www.vulgaris-medical.com** : destiné à la fois au grand public, aux étudiants, aux infirmières et aux praticiens, ce site constitue un dictionnaire médical complet.

- **http://www.doctissimo.fr** : site de vulgarisation médicale comprenant de très nombreux articles descriptifs à destination des patients et relatifs aux maladies, aux examens, à la prévention des risques, à l'hygiène, etc.

5. La collecte des données et les adaptations nécessaires

Les possibilités de collecte des données sont très variables et dépendent de nombreux facteurs. Certains scénarios se prêtent très bien à cette confrontation avec le terrain. Pour d'autres, elle est nettement plus problématique, ce qui implique des adaptations, des compromis par rapport à ce qui serait la démarche « idéale ».

Intéressons-nous à un exemple de collecte de données simple, répondant à des conditions optimales : c'est le cas des formations linguistiques organisées dans certains établissements d'enseignement supérieur scientifiques français. À la fin des années 1970 et jusque vers le milieu des années 1980, des écoles d'ingénieurs recevaient en formation continue des ingénieurs non francophones et organisaient leurs propres formations linguistiques liées respectivement au génie civil[1] et à l'agronomie[2]. L'objectif prioritaire était de les rendre aptes à suivre les enseignements et à rédiger leurs travaux de recherche. Dans un milieu ainsi averti, la collecte des données se révélait très aisée : discussions avec les collègues scientifiques, enregistrements de cours, sélection des écrits à traiter, etc. étaient faciles à réaliser pour les enseignants de français concepteurs des programmes de FOS. Aucun déplacement coûteux en temps, aucune négociation ardue ne venait alourdir cette étape de la démarche. Le regroupement des deux formations, linguistique et disciplinaire, en un même lieu, sous la responsabilité de la même institution, faisait que ces contacts allaient de soi.

Mais un certain nombre de facteurs rendent régulièrement les choses plus difficiles, au premier rang desquels la situation géographique du concepteur. **La collecte de données suppose des contacts avec les acteurs des situations de communication cibles.** Selon les cas, ces

1. École nationale des travaux publics de l'État, dans la région lyonnaise.
2. Institut agronomique méditerranéen à Montpellier.

situations cibles se trouvent soit dans le pays même où se déroule la formation, soit à l'extérieur. Les cas traités précédemment, celui des agriculteurs ukrainiens d'une part, et celui des guides jordaniens et des chercheurs égyptiens de l'autre, constituent à cet égard deux cas de figure opposés. Pour le premier, la situation cible est en France, pour une formation linguistique assurée en Ukraine ; pour les seconds, elle se situe en Jordanie ou en Égypte pour une formation linguistique assurée sur place. Dans ces derniers cas, les choses sont plus simples pour le concepteur : il lui faut des contacts avec des interlocuteurs de son pays. Dans le premier, en revanche, les choses sont beaucoup plus complexes : le concepteur ukrainien a besoin de contacts en France, donc hors de chez lui[1], pour élaborer son programme. Si ces contacts ne sont pas envisageables, tout n'est pas pour autant impossible. Il s'agit alors de travailler avec les ressources locales, en l'occurrence les interlocuteurs ukrainiens impliqués dans le programme TACIS. L'institution chargée de la formation linguistique du groupe d'agriculteurs en Ukraine est en relation avec un organisme demandeur. C'est auprès de lui que le concepteur du programme linguistique pourra rencontrer des interlocuteurs susceptibles de lui fournir des données sur ce programme. Ces données ne seront pas identiques à celles qu'il trouverait en France ; les informations précises sur le déroulement du séjour dans une exploitation agricole française seront difficiles à obtenir, mais les informations d'ordre institutionnel, politique devraient être accessibles. Ces informations seront très certainement données en langue russe ou ukrainienne, rien ne permettant de supposer *a priori* que les interlocuteurs institutionnels ukrainiens parlent français. Il appartiendra au concepteur de traiter ces données pour les rendre utilisables dans le cours de FOS, en les traduisant par exemple. Mais d'autres ressources – plus compliquées à trouver en France – peuvent en revanche être disponibles, entre autres les agriculteurs ukrainiens ayant déjà effectué leur séjour dans le Limousin. Certains sont peut-être joignables sans trop de difficulté et peuvent témoigner – aussi bien en langue maternelle qu'en français – de leur expérience. Cela implique naturellement des changements dans la physionomie de la formation, notamment en ce qui concerne la place qui peut être attribuée à la langue maternelle. Il reste qu'il ne faut pas exclure les possibilités de contacts avec la France par courrier, de même que les liens Internet évoqués plus haut.

1. Nous avons évoqué précédemment le cas d'un enseignant français qui s'était chargé de ce programme, mais il pourrait tout aussi bien s'agir d'un enseignant ukrainien qui n'aurait pas la possibilité de venir en France.

Il arrive, dans certains milieux, que des considérations déontologiques freinent la collecte des données. Il n'est pas possible, par exemple, d'obtenir des enregistrements de consultations médicales. Différentes procédures de remplacement peuvent être adoptées :
– enregistrement de consultations médicales concernant non pas un patient inconnu mais l'enseignant lui-même : certains médecins sont alors moins réticents ;
– remplacement de ces enregistrements par des interviews de médecins expliquant certaines maladies, leurs symptômes et leur traitement ;
– simulation d'une consultation par un médecin avec l'enseignant ;
– autre possibilité : partir de la seule observation d'une situation en mémorisant le maximum de données afin de les reconstituer par la suite. Si l'enseignant n'obtient pas de son médecin l'enregistrement de sa propre consultation, il peut essayer de retenir les différentes étapes de cette consultation, les paroles échangées, etc., observations à partir desquelles il reconstruira ensuite des données sous une forme ou une autre.

Autre exemple d'adaptation : **les programmes de mise à niveau linguistique mis en place dans les universités françaises pour les étudiants non francophones**. Les deux cas de figure précédemment évoqués (p. 16) se traduisent par des collectes de données différentes :

• *Cas le plus précis :* le cours de mise à niveau en français réunit des étudiants d'une même discipline. Il est alors possible de recenser et d'enregistrer certains des cours qu'ils vont suivre, de collecter les travaux écrits qui leur seront demandés. Prenons l'exemple des cursus de droit, composés massivement de cours magistraux et de travaux écrits avec des modèles de construction très précis. Dans ce cas, il est clair que le concepteur du cours de français aura intérêt à travailler à la compréhension orale de cours magistraux enregistrés et à la rédaction de ces écrits modélisés.

• *Cas le plus large (qui est aussi le plus fréquent) :* le cours regroupe des étudiants de différentes disciplines. Il ne peut plus être question de travailler sur une discipline particulière : les étudiants d'histoire ne verront aucun intérêt à travailler la compréhension orale de cours de droit et vice-versa. Obligé de renoncer aux contenus spécialisés qui ne peuvent concerner tous les étudiants en même temps, l'enseignant fait alors le choix d'enregistrer des conférences de type grand public, dont les sujets sont accessibles à tout le monde. Il en va de même pour l'expression écrite. Elle est conservée dans le programme mais sur des types de texte qui peuvent hypothétiquement être utiles à tout étudiant en université française : compte rendu de lecture, résumé, synthèse de textes, etc. Les autres supports, tels la dissertation, propre aux étudiants littéraires, ou le commentaire d'arrêt, propre aux étudiants juristes, ne feront pas partie de la panoplie de l'enseignant. Ce cas de figure simplifie la tâche de l'enseignant qui n'a pas à entrer véritablement en contact avec le terrain universitaire. Mais elle peut aussi décevoir l'étudiant qui percevrait mieux l'utilité de sa formation linguistique si celle-ci était reliée directement à sa discipline.

Ces adaptations ne se font pas de manière aléatoire. Le principe consiste à conserver le plus possible les paramètres des situations et discours qui ne peuvent être enregistrés. Ainsi, le remplacement d'une consultation médicale par l'interview du médecin permet de conserver :
– une partie des informations : explications des symptômes, diagnostic fait par le médecin, traitement engagé. Ces informations seront d'ailleurs plus complètes que celles recueillies dans un enregistrement, dans la mesure où le médecin sera amené à ajouter des informations non dites lors de la consultation parce que partagées par les deux locuteurs ;
– la forme orale du discours.

En revanche, disparaissent :
– la forme dialoguée : la manière propre au patient d'expliquer les symptômes, les interrogations du médecin, ses demandes de précision ;
– le ton de la consultation, la dimension affective : les paroles destinées à rassurer que le médecin a peut-être prononcées, les conseils sur la manière de se soigner, etc., qui ne peuvent pas apparaître en dehors de la conversation avec le patient.

Certains cas de figure permettent la collecte de tous les types de discours, *existants* et *sollicités*. Pour d'autres, seuls les seconds sont accessibles. Les compromis sont permanents et l'impact de ces variations sur le déroulement des formations se conçoit aisément.

6. Réflexion personnelle sur la collecte des données

À votre tour, essayez de prévoir le déroulement de la collecte des données des cas suivants à partir des informations qui vous sont fournies sur les situations, compte tenu des difficultés évoquées précédemment, de la localisation des sources documentaires et des objectifs d'apprentissage. Quels contacts, quelles démarches, quels enregistrements réaliser, quels documents collecter ?

Étude de cas

• **Vous enseignez en France** et un établissement supérieur irlandais vous demande de recevoir des étudiants en optométrie pour un perfectionnement linguistique avant leur stage chez des opticiens français.

• **Vous enseignez dans un pays non francophone** et vous avez à former des médecins partant faire un stage en hôpital français. Vous n'avez aucun contact avec la France mais certains médecins locaux ont déjà effectué ce type de stage et sont rentrés au pays.

• **Vous êtes en France et vous recevez en formation** des élèves cuisiniers japonais venus suivre une formation alternée de huit semaines : une semaine de cours de langue, une semaine de formation à la cuisine française dans une école de cuisine. Ils ont déjà suivi une petite formation de français général au Japon. La formation linguistique a lieu dans l'école même où ils suivent les cours de cuisine française.

• **Vous devez préparer des candidats** à passer *hors de France* l'examen de *français des affaires niveau 2 (DFA2)*. Essayez de dégager les types de données à collecter et les lieux et procédures de leur collecte en vous aidant du programme des épreuves à préparer.

Épreuves :

– compréhension écrite : lecture de textes spécialisés ;
– connaissance du monde des affaires : vingt QCM ;
– compréhension orale et expression écrite : compte rendu ;
– compréhension et expression écrites : analyse de documents et correspondance professionnelle (lettre d'affaires) ;
– épreuves d'expression orale : synthèse en français de documents en langue maternelle, du domaine économique ou commercial, exposé et débat.

Vous pourrez ensuite confronter vos propositions avec celles qui figurent page suivante.

Étude de cas : proposition de réponse

• **Formation des étudiants irlandais.** L'important est de découvrir ce que traitent les études d'optométrie en Irlande. Votre contact avec l'établissement partenaire irlandais vous permettra d'obtenir, en principe sans grandes difficultés, ce type d'informations. Il est essentiel également de vous informer sur l'organisation générale de la profession d'opticien irlandais pour savoir si elle comporte des différences avec le métier d'opticien en France. Vous apprendrez, par exemple, que les opticiens irlandais font des diagnostics sur les patients, qui vont ensuite consulter un médecin, ce qui n'est pas le cas en France. Cette information fera partie de ce que nous appelions dans l'étape « analyse des besoins » *les connaissances culturelles*, tout comme d'ailleurs les données sur les études suivies dans l'un et l'autre pays pour devenir opticien. Les données irlandaises sur ces deux points vous seront fournies par votre partenaire de Dublin. Pour ce qui est de la France, vous pourrez vous adresser à des ophtalmologues et des opticiens. Peut-être en existe-t-il dans votre entourage proche. Si ce n'est pas le cas, vous trouverez toujours autour de vous une personne qui porte des lunettes et se trouve donc régulièrement en contact avec ces deux professions. Une fois les contacts pris, les données les plus simples à obtenir sont généralement celles qui prennent la forme d'interviews : vous veillerez à balayer le sujet le plus largement possible, évoquant les études suivies, les fonctions remplies, l'organisation du travail quotidien, les relations avec les patients, le matériel utilisé, etc., sans oublier tout ce qui relève de la protection sociale, en particulier du remboursement des frais par la Sécurité sociale et les mutuelles. Ces données permettront aux étudiants irlandais de mieux comprendre certains échanges entre les opticiens et leurs clients.

La seconde partie de la collecte concerne *les discours existants* :

– ce qui se dit au cours d'une visite chez l'opticien, en d'autres termes les échanges entre patients et opticiens et les échanges parmi le personnel ;

– les documents écrits qui circulent (l'ordonnance, la facture, les notices d'information au patient, les documents adressés aux opticiens sur les nouveaux matériels, les revues de la profession, etc.).

Les documents écrits, dans la mesure où ils sont publics, ne poseront guère de problème. Ils vous seront certainement donnés sans

.../...

.../...

difficulté pour ce qui est des revues et notices. Les copies d'ordonnances pourront également être obtenues après avoir été rendues anonymes en rayant les noms du patient et du médecin. Le plus délicat résidera dans la collecte des discours oraux. L'idéal, qui serait un enregistrement vidéo de ce qui se passe chez l'opticien, est rarement accessible, les gens hésitant beaucoup à se faire filmer. Mais ce n'est pas totalement impossible. Un ophtalmologue ou un opticien acceptera éventuellement que vous enregistriez votre *propre* consultation par exemple, ou refusera la vidéo mais tolérera plus aisément un enregistrement audio. Face au refus de tout enregistrement, la solution pourra consister à rester quelques heures dans le magasin de l'opticien pour assister silencieusement à ce qui se passe, comme n'importe quel employé, à prendre des notes sur ce qui se dit pour reconstituer ensuite les discours oraux, comme les concepteurs fabriquent les documents des méthodes de FLE.

• **Formation dans un pays non francophone de médecins partant faire un stage dans un hôpital en France.** Ce cas de figure est évidemment fréquent pour une grande partie des enseignants exerçant hors de France ou de pays francophone. Les ressources sont ici constituées par des stagiaires ayant déjà vécu l'expérience à laquelle vous souhaitez former de nouveaux apprenants. Les données recueillies auprès d'eux seront intéressantes sur le plan interculturel dans la mesure où elles seront rapportées par des gens qui, ayant vécu l'expérience de la distance culturelle, seront particulièrement bien placés pour les transmettre à leurs homologues. Après avoir pris contact avec eux, il ne devrait pas être très difficile d'obtenir de leur part des interviews sur leurs expériences. Vous aurez le choix entre différentes formes d'interviews qu'il serait intéressant de cumuler : récits d'expériences à la première personne et informations objectivées sur tous les aspects évoqués précédemment (organisation des hôpitaux, modalités de travail, relations entre les personnels, etc.). Vous le savez sans doute, une interview ne s'improvise pas, elle se prépare au contraire soigneusement pour mettre au point les questions à aborder, la durée, etc. C'est en parlant longuement avec vos interlocuteurs, au moment de la préparation, que vous découvrirez les questions à poser pour que ressortent les données intéressantes. Ces interviews seront en français. Le fait que les locuteurs ne soient pas des natifs et commettent des erreurs de langue n'est pas en soi un

.../...

.../...

problème dans la mesure où ils s'exprimeront de la même manière que vos apprenants. Il est probable qu'ils auront rapporté avec eux des documents écrits, intéressants à utiliser. Il n'est pas exclu que certains d'entre eux refusent de s'exprimer en français. Cela ne signifie pas qu'il faille renoncer à les interviewer. Des témoignages en langue maternelle peuvent aussi très bien être utilisés pendant la formation.

En conclusion de cet exemple et par comparaison avec le cas précédent, il apparaît que les données objectives seront sans doute moins complètes, mais les informations recueillies seront plus proches de la réalité vécue sur le plan interculturel. Il est clair que les situations influencent la collecte des données, laquelle va à son tour influencer la formation en faisant mettre davantage l'accent sur tel aspect ou sur tel autre.

• **Formation dispensée à des élèves cuisiniers japonais.** La collecte des données est rendue *a priori* assez aisée par le fait que les cours de langue ont lieu dans l'enceinte même de l'école de cuisine. Vous pourrez donc prendre contact avec les enseignants chargés de ces cours qui se déroulent sous forme de travaux pratiques dans des cuisines. Dans la mesure où vous enseignez dans le même lieu qu'eux, les raisons de votre démarche devraient leur apparaître assez clairement. La première analyse des besoins que vous aurez menée vous aura sans doute conduit à imaginer des cours de cuisine très visuels, avec explications sur les techniques culinaires et consignes de travail destinées à amener les élèves à réaliser des plats. Les premiers contacts vous permettront de vérifier et d'affiner ces hypothèses. Il serait bon ensuite d'obtenir des enregistrements filmés de ces cours de cuisine. Des enregistrements audio seuls vous feraient perdre l'information délivrée par la dimension visuelle. Dans la mesure où il n'est pas réaliste de filmer un très grand nombre d'heures, il sera important de demander aux enseignants de cuisine quel sera l'ensemble du programme traité durant la formation culinaire pour construire la formation linguistique non seulement en fonction des séances filmées, mais aussi des différents thèmes abordés durant les autres séances.

Qu'envisager si tout enregistrement s'avère impossible ? Il reste les informations obtenues lors des rencontres avec les enseignants sur le programme traité et la manière de procéder durant les cours de

.../...

cuisine. Peut-être serez-vous autorisé à assister à un cours, ce qui vous permettra d'analyser à quels discours préparer les élèves. Vous pourrez ainsi voir quels autres documents pourraient être utilisés tels que des émissions culinaires de la télévision, par exemple.

• **Préparation des candidats au DFA2.** Les données que nous présentons ici ont été demandées à des entreprises françaises ayant une représentation sur place. Une liste est établie et diffusée par le Poste d'expansion économique, rattaché à l'ambassade de France, qui peut, le cas échéant, jouer le rôle d'intermédiaire. La première difficulté est de connaître le service ou l'interlocuteur avec lequel entrer en relation. Une fois cette étape franchie, le scénario peut être globalement le suivant :

– Vous présentez l'examen, l'intérêt de la démarche et les prolongements possibles.
– Vous fournissez un jeu d'épreuves de l'examen pour faire comprendre à votre interlocuteur de quoi il s'agit.
– Vous essayez d'obtenir des documents disponibles et exploitables (sans clause de confidentialité).
– Vous discutez avec votre interlocuteur pour vous informer sur la fonction, le sens des documents obtenus (à qui sont-ils destinés, pour quel objectif ?).
– Enfin, vous voyez si des prolongements sont possibles, par exemple si un cadre de l'entreprise peut intervenir dans un cours.

Outre des problèmes de confidentialité des documents, certains obstacles peuvent intervenir : la documentation disponible est souvent en anglais, voire exclusivement pour certaines entreprises à l'étranger ; les données à destination du public sont souvent de nature promotionnelle et n'offrent d'intérêt, dans ce cas, que pour la partie du cours consacrée au marketing. En revanche, les entreprises manifestent rarement des réticences de principe à la démarche dont elles perçoivent généralement l'intérêt et la portée.

7. Annexes

7.1 Témoignages de collecte de données

• *Michel Imbert collecte des discours oraux dans le domaine de l'anthropologie, en milieu universitaire. Ces données sont destinées à familiariser des étudiants tchèques à l'écoute de conférences d'anthropologie en français dans leur université d'origine, dans le cadre d'une filière francophone.*

Les tribulations d'un collecteur de données

Comment faire pour collecter des données en anthropologie quand on sait à peine ce que veut dire le terme et qu'il faut se présenter devant des spécialistes ?

Tout d'abord, il a fallu prendre rendez-vous. Le premier a été avec un anthropologue intervenu dans notre formation de DESS et dont les cours étaient passionnants. Un premier message électronique... et le jour même, je reçois un brillant résumé sur quelques malentendus linguistiques susceptibles d'apporter de la matière à ma recherche. J'avoue franchement que je ne comprenais pas tout. Courage. Un rendez-vous est pris. À l'heure dite, personne, porte close. Me serais-je trompé de jour ? Après quarante-cinq minutes, je m'en retourne bredouille. Quelques jours plus tard, après moult excuses pour un empêchement de dernière minute dont il n'a pu m'avertir, mon premier contact me propose une autre date. Parfait. Pendant plus de trente minutes, le parcours professionnel de mon interlocuteur a défilé devant moi, enrichi d'anecdotes, de détails que je savourais tout en enregistrant. À la fin, catastrophe ! L'enregistreur mini-CD haute technologie n'avait pas fonctionné. Rien. Pas un souffle. Même pas un souvenir de Nouvelle-Guinée. Rien. Si, juste un très fort sentiment de gêne. Cette fois, c'était moi qui me confondais en excuses. À refaire donc. Rendez-vous pris pour le lundi suivant, même heure, même endroit. J'ai vérifié tout le week-end le moindre bouton, le moindre fil... L'entretien commence par un premier essai fort concluant. Ça marche !! Et puis trente minutes passionnantes.

Entre-temps, j'étais allé au secrétariat de la faculté d'anthropologie et sociologie, à deux pas, sur le campus. J'explique le projet dans les grandes lignes et on me donne le nom d'un enseignant travaillant sur l'Europe centrale. Je lui envoie un courriel et le téléphone sonne quelques heures après. Très intéressé par la démarche, il me propose une date pour une première rencontre lors d'une de ses permanences. Lorsque je suis arrivé devant la porte, de nombreux étudiants patientaient dans un couloir étroit et, au bout... d'une heure, nous avons pu converser sur le projet, son activité, son domaine de recherches, ses neuf années en Europe centrale. Nous avons pris rendez-vous pour faire l'interview quelques jours plus tard. Aucun problème matériel cette fois-ci...

Un peu plus tard, une journée d'information à la faculté de sociologie m'a permis de rencontrer les enseignants qui m'ont assuré de leur collaboration.

Lors d'un de mes nombreux séjours dans la salle libre-accès informatique, j'ai demandé à un étudiant en DEA anthropologie s'il voulait s'entretenir sur ses recherches. Pas de problème. Échanges de numéros de portables. Tout va bien. Mais quelques heures avant le rendez-vous, je reçois un message : « *désolé, RDV impossible aujourd'hui* ». Malgré les différents autres SMS, nous n'avons jamais pu avoir cet entretien. Tant pis, on continue.

Dans la quinzaine qui a suivi, j'ai pu enregistrer une conférence et un cours magistral.

Enfin, concernant l'interview manquée avec l'étudiant d'anthropologie, le hasard s'est finalement montré coopératif devant une machine à café... Delphine, étudiante en 2e année de sociologie option ethnologie, m'entendant parler de mon travail, me propose son aide : elle veut bien apporter son témoignage sur son parcours d'étude. Une bonne étoile. Après plusieurs rendez-vous annulés, nous réussissons quand même à réaliser l'interview.

J'avais tout. Ou presque.

Il était temps de me rendre dans la salle de montage, au service audiovisuel, afin de « nettoyer » les documents et de sélectionner les parties qui me semblaient les plus pertinentes. Dans cette pièce peu avenante, il fallait tout d'abord se souvenir du fonctionnement de tous ces fils et autres boutons auxquels j'avais été initié lors d'une formation quelques mois auparavant.

Je commençais d'abord par supprimer tous les « euh » un peu intempestifs, les hésitations un peu trop longues, les interruptions dues à des coups de téléphone, des bruits de porte assez violents, des remarques d'un auditoire haletant sous la chaleur...

Ensuite, il fallait opérer une sélection sévère et transcrire la substantifique moelle...

J'ai ainsi passé tout un mois de mai à cette belle activité.

Il restait à passer à l'étape suivante, celle de l'élaboration didactique...

(DESS Langue française et coopération éducative, université Lyon 2, 2003.)

• *Astrid Lévêque recueille des documents sonores en archéologie afin de préparer certains étudiants d'un département de français en Jordanie aux discours oraux de l'archéologie, pour un éventuel débouché professionnel comme guide-accompagnateur.*

De la patience avant toute chose...

Grâce à des affiches dans le métro, je découvre qu'une conférence est prévue le 31 janvier 2001 au musée des Beaux-Arts de Lyon sur deux sites majeurs de la Jordanie, conférence assurée par un archéologue de Tours. J'amorce les démarches auprès du musée et du conférencier pour obtenir l'autorisation d'enregistrer. Sans réponse. Finalement les autorisations arrivent quelques jours avant la conférence. Je souhaitais un enregistrement vidéo, seul l'enregistrement sonore sera autorisé. Le lendemain de la conférence, je rencontre le conférencier pour étudier l'exploitation possible de cet enregistrement. L'archéologue reconnaît que le seul support audio est difficilement utilisable car son propos s'est largement appuyé sur des cartes et des photos. Il considère aussi que le contenu de son intervention est sans doute trop complexe pour des étudiants non spécialistes d'archéologie. Son discours suppose des pré-requis qu'il remet en question et bouscule de façon quelque peu iconoclaste certaines idées reçues, ce qui risque d'être difficile d'accès pour des étudiants néophytes dans le domaine.

L'archéologue propose alors de refaire une intervention enregistrée plus adaptée au public visé : à lui de choisir les contenus, à moi de préciser la forme de discours et les objectifs d'utilisation. Sur ce dernier point, j'hésite, j'ai du mal à imaginer la meilleure forme : une forme plutôt interactive (interview) ou magistrale (exposé) ?

Un rendez-vous est pris pour le 30 mars, date à laquelle l'archéologue sera de nouveau à Lyon. C'est alors la course au matériel et l'initiation au maniement de la caméra. Mais le jour J, l'archéologue reste sur le quai de la gare de Tours pour cause de grève de trains... C'est moi qui me déplace une semaine plus tard pour aller effectuer l'enregistrement à Tours. Entre-temps, un contact avec l'université jordanienne m'a appris que l'accès au matériel vidéo dans le cadre des cours de français était problématique et qu'il était plus réaliste d'opter pour des documents sonores.

Au moment de l'enregistrement, nous commençons par une interview sur des photos et cartes, mais mes questions de néophyte sont assez maladroites et la simulation d'interview n'est pas convaincante.

Nous optons finalement pour six commentaires magistraux d'une dizaine de minutes chacun. Je repartirai donc avec une bande-son et tous les supports photographiques commentés.

(DESS Langue française et coopération éducative, université Lyon 2, 2002.)

7.2 Collecte des données – mode d'emploi

❶ Se rapprocher le plus possible des situations visées et de leurs acteurs.

❷ Renforcer les premiers contacts pris dans l'étape précédente (analyse des besoins) et les élargir.

❸ Avoir recours le cas échéant à des personnes ressources, travaillant dans le même domaine que les apprenants, dans l'entourage du formateur (médecin, ingénieur, ophtalmologue, etc.).

❹ Lorsque la filière FLE d'une université française peut être impliquée dans le projet comme partenaire (ce qui est assez fréquent), orienter les stages de FLE vers la collecte et l'analyse des données.

❺ Avoir recours le cas échéant, et lorsque l'essentiel des données est loin du lieu de formation, aux personnes ayant déjà participé au programme de coopération concerné.

❻ Observer les lieux, les actions, les échanges langagiers.

❼ Filmer si c'est possible, enregistrer, prendre des notes, collecter les documents écrits.

❽ Organiser des interviews.

❾ Compléter les données obtenues sur place par des informations d'arrière-plan (données culturelles, historiques, etc.), par la bibliographie, les sites Internet.

❿ Traiter les données recueillies en fonction du niveau des apprenants, en éliminant par exemple les aspects trop « franco-français », recourir parfois à la langue maternelle et à la traduction selon le niveau et la nature des données collectées.

⓫ Situer les données dans le contexte de leur production et/ou utilisation pour en faciliter la compréhension.

⓬ Transformer si nécessaire des données seulement visuelles en données langagières davantage utilisables dans une activité pédagogique.

4

L'analyse des données et l'élaboration didactique

L'analyse des données collectées constitue une étape à part entière dans le travail mené par le concepteur, compte tenu de la nouveauté de nombreux discours utilisés comme supports pédagogiques dans les formations en FOS. Mais l'implication directe des résultats de cette *analyse* dans l'élaboration des *activités* conduit à traiter ces deux étapes de façon conjointe.

La réflexion sur la construction des activités de classe comporte deux éléments : *quoi* enseigner, quels apprentissages viser, mais aussi et surtout *comment* envisager ces activités. Si le premier fait partie des évidences, il en va peut-être différemment pour le second. L'interrogation, la réflexion sur la manière d'enseigner n'est pas toujours aussi poussée que celle qui concerne les contenus. Si tout enseignant se demande ce qu'il va enseigner dans tel cours, il ne s'interroge pas toujours sur la manière de le faire. Cette partie s'attachera donc à expliciter des démarches de cours, à justifier la façon de conduire une activité, à envisager des alternatives en fonction de certaines limites en tentant de mesurer ce que cela peut changer dans le déroulement de l'apprentissage. Le contenu le plus réfléchi, le plus élaboré n'est rien sans une solide réflexion sur la manière de le mettre en œuvre avec les apprenants. Cette position de principe est d'autant plus importante à garder à l'esprit dans le domaine du FOS que le temps et l'énergie qu'exige la collecte des données de la part de l'enseignant sont tels qu'ils tendent à lui faire oublier que cette étape n'est que le préalable à la préparation des activités d'enseignement. **La classe est l'aboutissement de toute la démarche de réflexion sur les besoins, de recherche d'informations sur le domaine, de collecte des données et de constitution de documents pédagogiques.** Si la manière dont les choses se déroulent dans la classe n'est pas solidement pensée, tout ce qui précède perd une grande partie de son utilité.

C'est à cette étape d'élaboration didactique que le FOS se rapproche le plus des démarches adoptées en FLE. Si les *contenus* des exercices et tâches proposés dans les programmes de FOS présentent un caractère particulier, les *formes*, en revanche, sont globalement identiques à celles qui ont été mises au point dans l'enseignement généraliste, qu'il s'agisse de questionnaires de compréhension orale ou écrite, de jeux de rôles, de tableaux à remplir, etc.

L'objectif, ici, n'est donc pas de mettre en avant des formes de tâches inédites, mais de montrer comment mettre en cohérence les activités de classe avec trois facteurs :

- l'analyse des besoins,
- les informations que livre l'étude des informations et des discours collectés,
- les formes de travail susceptibles de favoriser au mieux l'apprentissage.

La mise au point des activités proposées aux apprenants repose sur des options méthodologiques qui peuvent être résumées de la façon suivante :

– **Développer des formes de travail très participatives** qui permettent d'une part une pratique maximale de la langue, d'autre part un apport important des apprenants. Considérant que c'est *la pratique* qui assure l'apprentissage, et non l'enseignement en lui-même, nous veillons à limiter la participation de l'enseignant, à la rendre discrète pendant le déroulement des activités. Son rôle est capital dans toutes les étapes qui précèdent le cours, mais il est important que la classe soit avant tout *le champ d'action des apprenants*.

– **Créer le plus possible une communication réelle** dans le cours en favorisant l'échange d'informations et la concertation.

– **Combiner le travail collectif avec des moments de travail individuel**, voire autonome.

Face à la diversité inhérente au FOS, cette partie consacrée à l'élaboration didactique impose des choix. Il n'est en effet pas envisageable de rendre compte de toutes les activités de classe constituant les différents programmes que nous avons évoqués dans les étapes précédentes. À l'inverse, il n'est pas question de nous en tenir au seul exposé de principes méthodologiques, qui ne prennent véritablement leur sens que mis en œuvre sur des documents et au sein d'activités d'enseignement déterminées. Nous présenterons donc dans ce chapitre un éventail d'activités didactiques s'inscrivant dans différents programmes, et sur des documents de nature diverse.

Deux éléments seront mis en évidence : l'analyse menée sur les documents collectés et l'impact de cette analyse sur les activités proposées aux apprenants. Nous envisagerons également dans certains cas des alternatives à ces activités, des adaptations possibles ou nécessaires en fonction du profil du public, des habitudes d'enseignement, des données disponibles et des moyens matériels.

1. Exemples d'activités didactiques

1.1 Agriculteurs ukrainiens : une compréhension orale interactive

Lors de la collecte des données, différentes interviews d'agriculteurs français ont été réalisées par l'enseignant concepteur du programme[1]. Deux extraits permettent d'illustrer une démarche de compréhension orale interactive et la prise en compte de données interculturelles.

• Transcription

A. *Chez Bernard Larvin*

Bonjour, tout d'abord je vais me présenter, je m'appelle Bernard Larvin, je suis installé sur une ferme depuis 1971 sur la commune de Moureuille. Tout d'abord j'étais installé avec, euh, mon père qui est décédé. À la suite, euh, de ce décès, je me suis installé en GAEC, c'est-à-dire GAEC, Groupement agricole d'exploitation en commun, avec ma mère ; et nous avions donc un salarié, euh, jusqu'en 1968.

.../...

1. Bertrand Larvor, enseignant français en Ukraine.

.../...

Fin 1968, je me suis installé avec un jeune agriculteur qui s'appelle Patrice Dequerre et nous avons formé un nouveau GAEC. Euh, l'exploitation se compose de à l'heure actuelle, de 200 hectares, avec, euh, polyculture élevage. Nous faisons 70 mères vaches allaitant plus la suite avec, euh, une maternité naisseur engraisseur de porcs, euh, d'une centaine d'unités et une fabrique d'aliments à la ferme.

B. *Chez Jean-Yves Arnaud*

Oui bonjour je m'appelle, euh, Jean-Yves Arnaud, j'ai 46 ans, je suis agriculteur sur la commune de Menat. J'exploite depuis 1978, euh, j'exploite 105 hectares au jour d'aujourd'hui, dont 50 hectares de culture et 50 hectares d'herbe. Euh, ma culture principale est le colza, le blé et l'orge d'hiver et un petit peu de maïs. Par contre, euh, au niveau bovin je fais uniquement l'élevage de vaches charolaises avec des veaux que je vends à l'automne et un petit peu d'engraissement au printemps.

➤ Analyse

Ces données sont des informations de base pour permettre aux agriculteurs ukrainiens de situer leurs futurs partenaires et responsables de stage en France. Elles sont donc utilisées en début de formation. Le concepteur du programme s'est attaché à réunir les témoignages de plusieurs agriculteurs, et ce pour deux raisons :

– d'une part, cela garantit une information plus juste en faisant apparaître les points communs à tous les cas présentés et les aspects particuliers à chacun. Cela permet d'éviter d'interpréter comme une généralité ce qui ne serait qu'un cas particulier. Ces deux extraits, même très courts, apportent des informations essentielles. Ils renseignent sur la taille des exploitations et leur organisation ;

– d'autre part, sur un plan didactique, cela favorise certaines formes de travail, en l'occurence l'échange d'informations au sein du groupe-classe.

➤ Déroulement de l'activité

1. Les apprenants sont divisés en deux groupes. Le premier écoute le document A, le second, le document B (en laboratoire de langue ou dans deux salles différentes).

2. Les membres de chaque groupe discutent de ce qu'ils ont compris.

En fonction du niveau linguistique des apprenants, cette étape peut être guidée par l'enseignant, par exemple à l'aide d'un tableau à remplir :

Nom	Bernard Larvin	Jean-Yves Arnaud
Date de création de l'exploitation		
Taille de l'exploitation		
Activités agricoles		
Informations sur l'organisation de l'exploitation		
Informations personnelles		

3. Les apprenants constituent ensuite des binômes comprenant un étudiant de chaque groupe et échangent les informations entendues.
4. Puis l'enseignant engage une discussion sur l'organisation comparée des exploitations agricoles en France et en Ukraine afin de faire préciser les caractéristiques de chacune. D'abord au sein de petits groupes puis avec une concertation finale en grand groupe.

Remarque

L'écoute en sous-groupes exige certaines conditions matérielles. Si celles-ci ne sont pas remplies, il est possible de transformer les supports oraux en documents écrits. La lecture de documents différents au sein d'un même groupe ne présente en effet aucune difficulté matérielle d'organisation. Le passage de l'oral à l'écrit, sous une forme qui doit être annoncée explicitement comme une *transcription* et non un *texte* au sens propre, supposera quelques légères modifications du discours (telles que la suppression des pauses – euh – ou des répétitions, rendues inutiles à la lecture).

La première interview fait apparaître la nécessité d'une information autour du GAEC. Cette information peut être introduite de diverses manières :
– soit antérieurement à l'écoute des interviews, soit au contraire lors de l'écoute, c'est-à-dire une fois que la compréhension des documents a provoqué une interrogation sur le sujet chez les apprenants ;
– par l'écoute d'un document oral ou la lecture d'un support écrit (le choix dépendant des documents collectés au moment de la préparation du programme), ou encore par une explication orale de l'enseignant.

Ces différences de procédure confère au cours la souplesse indispensable pour l'adapter à des situations d'enseignement qui ne sont jamais totalement reproductibles. Ainsi :
– distribuer un document écrit permet de laisser chaque apprenant travailler seul, à son rythme propre. Cette situation d'enseignement est importante dans les groupes où des différences de niveau rendent parfois difficile l'écoute collective d'un document oral. De nombreux apprenants aiment alterner le travail oral en petits groupes et le travail individuel au cours duquel ils ne dépendent que d'eux-mêmes ;
– à l'inverse, l'explication orale fournie par l'enseignant permet de reconstituer un moment de communauté de travail après une étape où les apprenants ont travaillé en petits groupes.

Le déroulement proposé illustre plusieurs principes :
– **la pratique intensive de l'oral** à travers l'écoute, la concertation, l'échange de données et la discussion ;
– **la forte participation des apprenants** et la présence réduite de l'enseignant ;
– **la prise en compte de l'arrière-plan culturel des discours** (informations sur le GAEC, comparaison avec le pays d'origine).

➢ Autre modalité de travail

Ces principes, qui sont ceux de la *méthodologie communicative*, apparaissent clairement si l'on met en regard ce déroulement de l'activité avec une modalité de travail plus classique : l'enseignant fait écouter la même interview à tout le groupe, puis pose collectivement des questions de compréhension auxquelles répondent certains apprenants.

Dans le premier cas, les échanges de parole correspondent aux conditions réelles de communication : lors de la concertation après écoute, les apprenants peuvent comparer leur compréhension, se compléter, éventuellement se contredire en cas de désaccord. Il en va de même dans la phase d'échange d'informations, dans la mesure où leur ignorance respective du document écouté par leur partenaire – ce que désigne l'expression *chute d'information* – justifie la prise de parole de celui qui sait et l'écoute attentive de celui qui ne sait pas. Par ailleurs, le premier déroulement, par son organisation en petits groupes ou en binômes, augmente considérablement la prise de parole de chaque apprenant dans la mesure où tous parlent simultanément et non successivement. La seconde démarche réduit beaucoup la participation effective de chacun dans la mesure où seuls certains d'entre eux peuvent prendre la parole pour expliquer ce qu'ils ont compris, et seulement de façon parcellaire, sur un point du document écouté, en réponse à une question. De plus, les questions de l'enseignant ne sont pas des demandes d'information mais des questions de vérification de la compréhension. La parole des apprenants n'a de ce fait plus le même statut : elle ne sert pas à informer puisque tout le monde, et l'enseignant le premier, a entendu le document. Ce n'est plus une parole communicative : que le reste du groupe l'écoute ou non n'a finalement pas d'importance. L'activité, ainsi menée, met toujours en avant la compréhension orale pour tous, mais elle élimine quasi complètement l'expression orale. Elle renforce le travail individuel, éliminant la collaboration entre les apprenants qu'apporte le moment de concertation après écoute. Elle reporte également sur l'enseignant l'évaluation de la compréhension alors que dans le travail de concertation entre apprenants, chacun peut mesurer ce qu'il a compris à travers les explications des autres et juger s'il y a ou non des différences.

Cette confrontation montre qu'il est possible, avec très peu de modifications, d'obtenir des changements importants dans le déroulement de la classe et dans l'apprentissage. Il suffit ici de proposer deux interviews au lieu d'une et de répartir les apprenants en sous-groupes pour que l'activité langagière de ces derniers soit démultipliée et constitue une véritable communication au sein du groupe.

1.2 Préparation des étudiants à l'entrée dans une université française

1.2.1 Une compétence en compréhension orale : l'écoute des cours

Nous avons vu que l'analyse des besoins pour ce type de programme nous avait amenés à placer la compréhension orale des cours comme l'un des objectifs prioritaires. Lors de la collecte des données, des enregistrements de différents cours ont été recueillis et en particulier de cours magistraux en amphithéâtre sur lesquels nous allons nous pencher.

- **La découverte de l'organisation discursive des cours**

Prenons l'extrait suivant tiré d'un *cours d'Économie du développement*, en licence de sciences économiques[1].

1. L. Abdelmalki, *Économie du développement*, université Lyon 2, 2002.

• **Transcription**

[...] François Perroux dit : quand le progrès technique – je vais tout doucement c'est très important – quand le progrès technique, le progrès économique, le progrès social, le progrès culturel, etc., etc., s'ajustent mutuellement – alors s'ajustent mutuellement, c'est-à-dire roulent dans la même direction, se recouvrent, deviennent solidaires – alors la société entre dans une phase active de développement tout court. Une société développée, une société développée – même si on mesure ce qu'il y a de statique dans cette appellation, disons une société parvenue à un revenu minimum de développement – est une société qui est parvenue à assurer à sa population les conditions d'une vie confortable – on a pu parler précédemment de décente – non seulement au niveau des biens matériels, manger, se loger, mais aussi au niveau des biens immatériels, s'éduquer, se soigner, voire au niveau – entre guillemets – des biens extrêmement symboliques que sont aujourd'hui les libertés de mobilité, d'expression, de contestation etc., etc. [...]

➤ **Analyse**

Ce type de discours peut être déroutant pour l'enseignant qui découvre une forme discursive inattendue, très éloignée de celle à laquelle il est habitué dans les documents pédagogiques. Ce n'est pas le contenu qui surprend, cet extrait ne comportant pas de difficulté notionnelle particulière, mais bien la manière dont s'enchaînent les énoncés.

Cette impression d'étrangeté tient en fait aux suspensions répétées de l'information principale par des commentaires. L'information principale est la suivante :

François Perroux dit : quand le progrès technique, le progrès économique, le progrès social, le progrès culturel, etc., etc., s'ajustent mutuellement, alors la société entre dans une phase active de développement tout court. Une société développée est une société qui est parvenue à assurer à sa population les conditions d'une vie confortable non seulement au niveau des biens matériels – manger, se loger – mais aussi au niveau des biens immatériels – s'éduquer, se soigner – voire au niveau des biens extrêmement symboliques que sont aujourd'hui les libertés de mobilité, d'expression, de contestation, etc., etc.

Elle est entrecoupée de quatre commentaires :

– une alerte de l'enseignant aux étudiants sur l'importance de l'idée présentée : *c'est très important*, qui entraîne une précision métadiscursive : *je vais tout doucement* ;

– une explicitation des termes « s'ajustent mutuellement » : *s'ajustent mutuellement c'est-à-dire...* cette explication se démultipliant en trois formulations synonymes : *roulent dans la même direction*, *se recouvrent* et *deviennent solidaires* ;

– une restriction sur le terme « développée » : *même si on mesure ce qu'il y a de statique dans cette appellation*, suivie d'une reformulation plus satisfaisante : *disons une société parvenue à un revenu minimum de développement* ;

– un commentaire métalinguistique : *on a pu parler précédemment de « décente »*.

Ces commentaires parenthétiques ont pour corollaire des répétitions, dont la fonction est de raccrocher entre elles les différentes parties de l'information principale ; c'est le cas de *progrès technique* répété après le premier commentaire, de *alors* repris après le deuxième, et de *société parvenue à un revenu minimum de développement* reprenant *société développée*, après la troisième suspension.

Ce type de discours n'est ni rare ni mal construit. Il représente au contraire le *prototype du cours magistral en amphithéâtre* dans l'université française. Son organisation est étroitement liée à la situation de communication dans laquelle il est produit. L'enseignant délivre un savoir qui constitue « l'information principale ». Par rapport à ce savoir, en tant que chercheur, il se doit d'avoir un regard critique sur les notions qu'il transmet (*cf.* ses réserves sur le terme *développée*) et il se situe par rapport aux savoirs connexes qui circulent dans la discipline (*cf. décente*). De plus, en tant qu'enseignant, il doit s'assurer de la bonne réception de son discours par ses étudiants (*cf. je vais doucement, c'est très important*, et l'explication de *s'ajustent*). Comme par ailleurs la tradition française veut que les étudiants prennent des notes durant ces cours, ces différents commentaires ont également pour fonction de leur en laisser le temps.

Observons un autre exemple, extrait d'un *cours de Relations internationales*, en première année de droit[1].

1. G. Iacono, *Relations internationales*, université Lyon 2, 2001.

• **Transcription**

[...] Donc la prise de conscience du développement des problèmes émerge très exactement à la conférence de Bandung – je vais vous écrire, ça vous rappelle de bons souvenirs. La conférence de Bandung, elle a eu lieu en 1956 – Bandung, c'est en Indonésie hein, c'est pas en Afrique du Sud, c'est pas en Afrique, c'est en Indonésie Bandung, quand je donne quelquefois des cartes, ça crée... y a quelquefois des surprises. Donc Bandung, c'est en 1956, et à cette conférence va émerger – je vais vous l'écrire mais je cherche une place désespérément sur le tableau, Bandung – donc va émerger à cette conférence un concept aussi que vous connaissez bien, le concept de tiers-monde. À cette conférence donc émerge un concept, le concept de tiers-monde. [...] Alors aujourd'hui le concept de tiers-monde est un peu mis au placard, on l'utilise quasiment plus, ça fait partie des figures historiques, on parle au contraire de sud, et on met généralement l'expression... on utilise l'expression les sud, mais sans mettre de s à sud évidemment, et dans la catégorie des sud on établit un certain nombre de distinctions. Alors dans les sud, il y a un certain nombre de distinctions, et on va distinguer plusieurs types de pays. On distingue donc plusieurs types de pays. On va distinguer d'abord les PMA, les pays les moins avancés, – donc là vos souvenirs de géographie sont encore très présents – les pays... les PMA donc, les pays les moins avancés, ils se caractérisent par trois critères. Premier critère, un PNB inférieur à 765 dollar, un PNB par habitant inférieur à 765 dollars, un taux d'alphabétisation inférieur à 20 %, et une activité industrielle... donc un taux d'alphabétisation inférieur à 20 %, et une activité industrielle qui représente moins de 10 % du PIB. Donc environ 48 États sont actuellement placés dans les PMA. [...]

➤ **Analyse**

Nous avons la même organisation discursive de base qui superpose à l'énoncé principal des énoncés secondaires directement liés à la situation de communication. Les variations par rapport au premier extrait résident dans les fonctions des énoncés secondaires :

– prise en compte des connaissances des étudiants présents dans la salle, *là vos souvenirs de géographie sont encore très présents* ou, au contraire, des risques d'oubli de ces connaissances, avec les précautions

que cela implique : *Bandung, c'est en Indonésie hein, c'est pas en Afrique du Sud, c'est pas en Afrique, c'est en Indonésie Bandung, quand je donne quelquefois des cartes, ça crée... y a quelquefois des surprises* ou encore *sans mettre de s à sud évidemment* ;
– constat d'un problème matériel : *je cherche une place désespérément sur ce tableau* ;
– répétitions liées à la nécessité de laisser aux étudiants le temps de prendre des notes : *et dans la catégorie des sud on établit un certain nombre de distinctions. Alors dans les sud, il y a un certain nombre de distinctions et on va distinguer plusieurs types de pays. On distingue donc plusieurs types de pays* ou encore avec un retour en arrière *un taux d'alphabétisation inférieur à 20 %, et une activité industrielle... donc un taux d'alphabétisation inférieur à 20 %, et une activité industrielle qui...* ;
– reformulations destinées à préciser une première expression : *alors aujourd'hui le concept de tiers-monde est un peu mis au placard, on l'utilise quasiment plus, ça fait partie des figures historiques* (trois expressions synonymes).

➤ Déroulement de l'activité

L'analyse menée sur ces discours authentiques est l'étape de prise de conscience qui fournit à l'enseignant les outils de réflexion pour construire les activités de compréhension orale. Ce type de discours, d'une manière générale, ne fait guère partie des habitudes des enseignants de langue. Pourtant, pour préparer des étudiants à suivre des cours dans une université française, il semble important que ces discours soient intégrés dans les formations, du fait justement des différences qu'ils présentent avec les documents habituellement utilisés. Cela suppose pour l'enseignant l'élaboration d'une démarche de compréhension orale qui tienne compte des caractéristiques observées. Dans un document à l'organisation « linéaire », c'est-à-dire sans suspension ni reprises, comme le sont les documents écrits et la plupart des documents sonores proposés en cours de FLE, l'activité de compréhension s'organise globalement autour de questions sur le contenu du document. Dans une construction comme celle qui apparaît ici, il n'y a plus à proprement parler de linéarité simple mais *une superposition de discours*. Si bien qu'accéder à la compréhension de l'information principale suppose de se frayer un chemin parmi ces différents niveaux de discours, ce qui présente une difficulté certaine en langue étrangère. Les activités de compréhension devront donc s'attacher à cette dimension. Plusieurs types d'exercices sont envisageables pour cela :

1. Dans un premier temps, sensibiliser les étudiants à l'alternance entre énoncé principal et énoncés secondaires : fournir la transcription pendant l'écoute de l'enregistrement et commenter la construction discursive.

2. Faire ensuite pratiquer des exercices de compréhension orale en procédant par deux ou trois étapes successives, partant de l'énoncé principal auquel sont ensuite ajoutés les énoncés secondaires, jusqu'à l'écoute du discours original. Cela permet d'amener progressivement les étudiants à la maîtrise de cette construction. Quand les moyens techniques le permettent, la constitution des extraits intermédiaires (énoncé principal seul, puis ajout d'énoncés secondaires) peut se faire sur ordinateur[1]. Dans le cas contraire, l'enseignant peut réenregistrer lui-même les extraits ainsi reconstitués.

3. Proposer des exercices faisant apparaître l'énoncé principal et demander aux étudiants de reconstituer les énoncés secondaires.

4. Faire classer les énoncés secondaires par rapport à leur fonction : rappel *(vos souvenirs de géographie sont encore très présents)*, alerte (*c'est important, je vais doucement*), référence à un problème matériel *(je cherche une place désespérément sur ce tableau)*, etc.

5. Faire repérer, compter les reprises, et voir s'il s'agit de simples répétitions, de précisions, voire de rectifications du premier énoncé.

Ce travail sur la structuration du discours peut avoir une dimension culturelle en ce sens que les traditions universitaires peuvent être différentes entre certains pays. Si les étudiants viennent d'universités où l'habitude est plus à la lecture par l'enseignant de son discours magistral, ils seront d'autant moins préparés à recevoir cette forme de discours, et la prise de conscience de ces mécanismes discursifs sera d'autant plus utile.

• L'inscription du discours dans la temporalité

Outre cette structure globale, qui tient à la fois au caractère partiellement *spontané* et au cadre *pédagogique* de ces discours oraux, d'autres éléments méritent d'être pris en compte dans ces prises de

1. Avec un logiciel de traitement du son qui permet d'extraire des parties d'énoncés et de réduire l'enregistrement à son énoncé principal, par exemple ; c'est une procédure similaire à celle du couper-coller des traitements de texte.

parole. Un enseignement universitaire s'inscrit dans la durée, souvent sur un semestre entier, contrairement à une conférence qui est un événement unique. Cette inscription dans le temps transparaît dans le discours de l'enseignant sous forme d'énoncés de rappel de ce qui a été traité et d'anticipation sur ce qui va l'être. C'est ce que montrent les extraits ci-dessous[1] :

• **Transcription**

Mardi dernier, on a commencé à étudier euh les différents compartiments ou les différents segments hein du marché des changes. **On avait vu** le marché au comptant hein. **Je vous rappelle que** le marché compt au comptant, c'est le segment du marché des changes où s'effectuent les transactions qui sont en fait euh euh délivrées euh immédiatement, c'est-à-dire que euh on livre la devise deux jours ouvrés plus tard. Donc c'est une transaction qui est quasi immédiate en fait. Donc **ça c'était** le marché au comptant [...]

[...] **et on avait commencé** on avait commencé à présenter rapidement les marchés dérivés. Alors les marchés dérivés, c'est le compartiment le plus récent euh du marché des changes, les marchés dérivés hein, **je vous l'avais dit,** ce sont des marchés de contrats hein, ça c'est important, ce sont des marchés de contrats. [...]

[...] Alors pour le marché des changes, bien entendu, les options de change – par exemple les contrats d'option – vont dépendre de l'évolution des taux de change sur les marchés comptants. **On en était resté là**. [...]

[...] Je vous propose que **nous reprenions la suite** de la section 3 du premier chapitre. **Je vous rappelle** que cette section 3 nous permet de passer en revue les principales doctrines économiques qui s'intéressent au phénomène du développement. **Nous avons abordé** dans un premier paragraphe de cette section les analyses qui procèdent des classifications, en d'autres termes des nomenclatures qui articulent un certain nombre de critères qualitatif. **Nous en avons fait l'examen** et nous avons également – **même si nous l'avons fait rapidement** – **nous avons procédé** à l'examen critique de ces méthodes. **Je vous propose que nous allions plus loin** dans l'espoir que la séance

.../...

1. J.-P. Allégret, *Relations monétaires internationales*, université Lyon 2, 2003.

.../...
d'aujourd'hui nous permette de clore complètement le débat sur les doctrines de base – **nous retrouverons** les débats théoriques tout au long de ce programme – et **on va pouvoir finir aujourd'hui sur** les approches canoniques du développement, si je puis dire, et **j'avais déjà annoncé** que ce deuxième paragraphe **va nous permettre** – allait nous permettre – d'examiner les approches en terme de cercles vicieux. C'est bon ? Bien 3.2, les approches en termes de cercles vicieux. [...]

➤ **Déroulement de l'activité**

Ces actes de langage – rappel, annonce – peuvent donner lieu à des activités de repérage proposées aux apprenants sous différentes formes telles que :

1. *Écoutez l'extrait de cours et relevez les expressions indiquant le rappel du cours précédent.*

2. *Classez en deux colonnes ce qui est rappelé du cours précédent et ce qui sera traité dans le cours qui commence.*

3. *S'agit-il du début ou de la fin d'un cours ? Justifiez votre réponse.*

Etc.

L'accent est mis ici sur la maîtrise de la *structuration du discours* parce que celle-ci joue un rôle déterminant dans la compréhension du déroulement des cours. Ces exercices sont naturellement complétés par des consignes sur les *contenus* : questionnaires, plans à réaliser, définitions à retrouver, etc., formes de travail souvent plus familières aux enseignants de FLE. Par exemple :

4. *Relevez la définition des termes suivants :*

– Le marché au comptant. *Quelles sont les trois expressions synonymes employées pour donner cette définition ?*

– Les marchés dérivés.

1.2.2 Une compétence en expression orale : exposé et soutenance

Dans le cadre scolaire ou universitaire français, la prestation orale – exposé ou soutenance de travaux – fait partie des savoir-faire à maîtriser. Le paradoxe de ce type de travail réside dans le fait que sa préparation relève presque entièrement de *l'écrit* – à travers la recherche documentaire et la mise en forme avant la prestation – alors que le discours à produire est *oral*. Une bonne maîtrise de l'exposé suppose en fait la capacité à donner une forme discursive orale à un discours initialement écrit. Quel est le reproche le plus fréquent émis à l'encontre de prestations orales non réussies ? Une présentation monotone, lue ou récitée ; une simple *oralisation* d'un discours écrit et non un véritable *discours oral*. Cette distinction n'est pas anodine. Entre les deux, il existe des différences plus importantes que ne le supposent généralement les élèves ou les étudiants confrontés à ce type de réalisation.

Pour clarifier ces écarts, nous analyserons un **extrait de conférence** confronté au **document rédigé** par le conférencier et distribué au public à l'issue de sa communication. Il s'agit d'une conférence sur la construction européenne. L'extrait choisi aborde la définition des différents outils juridiques dont dispose la Commission de Bruxelles. Les deux discours sont présentés en face à face, sur deux colonnes ; la première colonne reproduit le document écrit, la seconde, la transcription de la conférence.

➤ Analyse

La mise en contraste des deux discours fait apparaître des gestions très spécifiques de l'information qui font que l'oral n'est pas un simple transcodage de l'écrit, mais une réorganisation du mode de présentation. Nous citerons ici les différences les plus notoires :

a) Au discours *distancié* de l'écrit, sans référence explicite à une situation de communication particulière, s'oppose le discours *situé* et partiellement spontané de l'oral, dans un lieu et un temps particulier, en face d'un public dûment identifié.

L'**écrit** construit un **discours objectivé**, entièrement centré sur les données : *Le règlement : il s'impose à tous les gouvernements et il est directement applicable dans le droit des États membres. La décision : elle s'impose de façon tout à fait contraignante...*

L'**oral**, à l'inverse, s'articule largement autour de la **relation entre l'orateur et le public**. La partie introductive est une adresse directe au public : *Nous allons examiner maintenant les différents types de décisions que ces différentes instances sont habilitées à prendre. Vous allez voir...*, public auquel le conférencier s'identifie à intervalles réguliers, tout au long de sa prestation, par le recours au « nous » ou au « on ».

Les décisions de la Commission européenne[1]

Document écrit	Transcription de la conférence
Tout ce qui se décide à Bruxelles n'a pas force de loi. Selon les cas, les États membres sont plus ou moins tenus de modifier leur propre législation. Voici l'éventail des mesures qui peuvent être adoptées :	Nous allons examiner maintenant les différents types de décisions que ces différentes instances sont habilitées à prendre. Vous allez voir que c'est également relativement simple. Il y en a quatre : le règlement, la directive sur laquelle on va s'étendre un petit peu plus en détail, la décision et les recommandations.
Le règlement : il s'impose à tous les gouvernements et il est directement applicable dans le droit des États membres. La Commission et le Conseil des ministres peuvent l'un et l'autre émettre des règlements.	Alors, le règlement, il est pris et par la Commission ou par le Conseil. Il s'impose de façon coercitive à chacun des États membres. C'est une obligation de résultats et de moyens. Un exemple de règlement, par exemple, c'est celui qui a été pris et qui définit les modalités de transport de voyageurs par autocar en Europe. Un second exemple de règlement, c'est celui qui précise les fonctionnements des organismes financiers au niveau européen, en particulier ceux qui financent les infrastructures, comme le FEDER, dont on a parlé, ou comme la BEI – la banque européenne d'investissements.
La décision : elle s'impose de façon tout à fait contraignante à ceux qu'elle concerne – États, entreprises ou individus – sans qu'une législation nationale soit nécessaire pour cela. [...]	Maintenant, la décision. Un exemple de décision, c'est l'instauration en Europe du passeport communautaire, le petit passeport bordeaux qui fait de nous des citoyens de l'Europe des 12. Vous avez pu observer d'ailleurs que dans les aéroports, vous avez des files particulières pour les ressortissants de la CEE. Là, c'est pareil, la décision, elle s'impose de façon coercitive à chacun des États membres. Par opposition avec la directive, elle ne requiert pas de disposition législative. Elle s'impose de façon automatique, et aucun des États membres ne peut dire, ne peut refuser une décision qui a été adoptée à Bruxelles. Dans le cas particulier du passeport européen, chacun des États membres est contraint d'accepter donc ce passeport lors des contrôles de police. [...]

1. A. Roudaut, *Conférence sur la construction européenne*, École nationale des travaux publics de l'État, Vaulx-en Velin, 1992.

Ce dialogisme lui permet de jouer des rôles diversifiés : prioritairement, celui de l'expert qui transmet des données sur les décisions européennes : *Le règlement, il est pris et par la Commission ou par le Conseil. Il s'impose...*, mais aussi celui du pédagogue qui, soucieux de la bonne réception de son discours, rassure son public : *Vous allez voir que c'est également relativement simple,* ou encore du partenaire qui glisse un clin d'œil de connivence : *le petit passeport bordeaux qui fait de nous des citoyens de l'Europe.*

Cette inscription dans une situation de communication très précise se traduit également par des allers-retours dans le temps : *Nous allons examiner maintenant... Vous allez voir... dont on a parlé...*

b) La transmission orale implique également une **expansion du discours** destinée à diminuer la densité de l'information et éviter la surcharge cognitive pour l'auditeur. Cette expansion revêt ici plusieurs formes, en particulier la multiplication d'exemples, absents de l'écrit : *Un exemple de règlement, par exemple, c'est celui qui a été pris et qui définit les modalités de transport de voyageurs par autocar en Europe. Un second exemple de règlement, c'est celui qui précise les fonctionnements des organismes financiers au niveau européen, en particulier ceux qui financent les infrastructures, comme le FEDER, dont on a parlé, ou comme la BEI – la banque européenne d'investissements.*

Elle se réalise également à travers les reprises : là où l'écrit se contente d'une expression unique : *elle s'impose de façon tout à fait contraignante à ceux qu'elle concerne – États, entreprises ou individus – sans qu'une législation nationale soit nécessaire pour cela*, l'oral accumule deux formulations successives : ... *elle s'impose de façon coercitive à chacun des états membres. Elle ne requiert pas de disposition législative. Elle s'impose de façon automatique, et aucun des États membres ne peut dire, ne peut refuser une décision qui a été adoptée à Bruxelles.*

c) Par ailleurs, le passage de l'écrit à l'oral signifie le transfert d'une forme visuelle, fixe, à une forme auditive, par nature fugace, avec un impact certain sur le processus de mémorisation de l'interlocuteur. Cela explique la présence, dans le discours oral, de **procédures récurrentes de rappel**, à différents niveaux. Par exemple :

– *Dans le cas particulier du passeport européen, chacun des États membres est contraint d'accepter* ***donc*** *ce passeport lors des contrôles de police* : rappel de l'exemple donné plus haut.

– *Là,* ***c'est pareil****, la décision, elle s'impose de façon coercitive...* : comparaison avec une donnée précédente.

– *Un exemple de règlement... Un second exemple de règlement...*
– *Maintenant la décision. Un exemple de décision...*

d) Enfin, le passage du canal visuel au canal sonore entraîne la **transformation d'éléments typographiques en énoncés verbaux**. Ainsi, à l'écrit, le changement de partie – le passage par exemple du *règlement* à la *décision* – est signalé par le saut de ligne et le caractère gras. Ces signaux deviennent, à l'oral, des mots de ponctuation :
– *Alors*, le règlement
– *Maintenant*, la décision

De même, la partie introductive annonce à l'oral le nombre de mesures dont il est question : *Il y en a quatre : le règlement, la directive sur laquelle on va s'étendre un petit peu plus en détails, la décision et les recommandations*, information absente à l'écrit dans la mesure où le balayage visuel de la page suffit à apporter l'information au lecteur.

Si le contenu est identique, la manière de le *dire* s'avère donc bien différente de la manière de l'*écrire*. Et c'est bien là que se situe la source des problèmes souvent constatés dans les prestations orales. Préparés sous forme écrite – plan détaillé ou rédaction complète – les exposés, communications ou soutenances, exigent de l'orateur un travail de transfert discursif dont il n'est pas toujours conscient.

➤ Déroulement de l'activité

Une approche contrastive de la forme orale et écrite, plutôt qu'un traitement séparé, peut favoriser chez les apprenants une meilleure maîtrise de la première grâce à la prise de conscience des différences de fonctionnement avec la seconde. L'analyse simultanée fait en effet émerger de façon explicite les caractères propres à chacune. La procédure consiste, de façon très simple, à analyser un discours par rapport à l'autre – en l'occurrence l'oral en regard de l'écrit – à partir de questions reprenant les différents aspects relevés dans l'analyse ci-dessus :

Comparaison entre la forme écrite et la forme orale

– *La forme orale est plus longue que la présentation écrite : à quoi cela est-il dû ?*
– *Quels types d'informations sont présents dans le discours oral qui n'apparaissent pas dans le discours écrit ?*
– *La présence de l'interlocuteur est-elle marquée dans le discours écrit ? Dans le discours oral ? Si oui, de quelle manière ?*
– *Combien de fois est évoqué « le caractère obligatoire de la décision » ? Ces reprises apparaissent-elles à l'écrit ?*

– Qu'est-ce qui remplace, à l'oral, la mise en page de l'écrit (changement de paragraphe, caractère gras...) ?
– Etc.

Le discours écrit est ici le point de comparaison qui permet de mettre en évidence les caractéristiques de la conférence ou de l'exposé.

À l'issue de cette analyse, deux cas peuvent se présenter : soit les étudiants sont assez autonomes pour réinvestir directement les données recueillies dans leurs propres prestations orales, soit ils ont besoin de quelques activités intermédiaires d'entraînement. Dans le second cas, on peut leur proposer des exercices tels que :

1. Présenter oralement un plan écrit – projeté ou noté au tableau – en veillant à ce que ce ne soit pas une simple répétition, par le recours à l'insertion d'exemples, de reformulations, d'éléments de transition, etc.
Exemples :
À partir d'un titre écrit tel que « Les différentes étapes de la construction européenne », amener les apprenants à une formulation orale telle que « *Nous allons voir les différentes étapes de la construction européenne, c'est-à-dire les périodes successives et les décisions importantes qui ont fait évoluer le projet européen* ». Ces exercices d'entraînement oral peuvent être pratiqués en laboratoire de langue au même titre que les manipulations syntaxiques (travail sur les temps du passé, transformation passive, etc.) préconisées dans certaines méthodes de FLE, à ceci près que c'est ici le niveau discursif qui est en cause, et non le niveau phrastique.

2. Réaliser de petits exposés sur des sujets connus de tous dans la classe, en veillant à impliquer le public à travers des expressions telles que « *c'est un phénomène que nous connaissons bien* », « *vous avez sans doute entendu parler de...* », etc.

Une fois ce travail de préparation effectué, l'étudiant aura plus clairement conscience des transformations discursives à opérer pour passer d'un support écrit à une prestation orale.

1.3 Une consultation en ophtalmologie : comportement et langage

Dans le cadre de la formation d'étudiants irlandais en optique, divers discours oraux ont été collectés[1], à la demande de leur enseignant de

1. I. Mazzer, *DESS Langue française et coopération éducative*, 2001, université Lyon 2.

français qui souhaitait les préparer à un éventuel séjour professionnel en France. Nous présentons ici un extrait de l'un de ces discours authentiques.

• **Transcription**

Document vidéo : Une consultation chez un ophtalmologue – Extrait

Ophtalmologue : Alors maintenant vous allez regarder les petits points qui sont là-bas, on va faire un petit examen de dépistage, hein, qui permet de voir si vous n'avez pas de troubles de vision binoculaire, c'est-à-dire en gros un œil qui louche ou... vous voyez ce que je veux dire.

Patiente : Oui, oui.

Ophtalmologue : Voir si les deux yeux travaillent bien ensemble, d'accord ?

Patiente : D'accord.

Ophtalmologue : Regardez les petits points noirs qui sont là-bas, c'est simplement pour que vous ayez un... un petit point de fixation, c'est tout sans rien faire d'autre, tout simplement hein, voilà. Alors ce que je regarde, c'est si les yeux restent bien droits, tout simplement, s'ils ont pas tendance à bouger, d'accord ?

Patiente : D'accord.

Ophtalmologue : Vous allez regarder ici le bord de mon oreille, non, là c'est bon, y a pas de problème. Donc maintenant vous allez regarder ce crayon, on va étudier la convergence, c'est-à-dire que lorsque l'on doit lire longtemps, ou travailler sur un écran longtemps, eh bien les yeux doivent pouvoir se rapprocher l'un l'autre. Quand on lit ou qu'on regarde de près y a deux phénomènes automatiques qui se passent, y a une accommodation, c'est-à-dire que l'œil, c'est un peu comme une caméra ou un appareil photo automatique, y a une espèce d'autofocus, c'est-à-dire que l'œil se règle pour que l'image soit nette en fonction de la distance...

Patiente : D'accord.

.../...

.../...

Ophtalmologue : ... de façon automatique et donc y a certaines personnes qui ont du mal à faire cet effort d'accommodation, ça c'est une première chose, puis la deuxième chose, les deux yeux en lecture doivent se rapprocher l'un de l'autre, d'accord ?

Patiente : D'accord.

Ophtalmologue : Donc sur un appareil photo c'est pas ça parce qu'y a un objectif, mais nous comme on a deux yeux eh ben ils doivent converger d'accord ? Si on a du mal à converger comme ça, on peut avoir une fatigue sur un écran, ou sur une lecture prolongée. Donc on le regarde d'une façon très très simple, vous regardez le haut du crayon, on peut le faire aussi avec une petite lumière. On le rapproche donc, il va être flou, c'est normal qu'il soit flou, mais il faut pas qu'il se dédouble, d'accord ? Donc vous me dites top si vous en voyez deux... c'est bon, y'en a qu'un jusqu'à la fin ?

Patiente : Oui.

Ophtalmologue : Donc là y'a pas de problème de convergence, d'accord. Alors maintenant on va regarder le... vos yeux, avec un appareil qui grossit l'œil et qui permet de voir à l'intérieur, qui s'appelle une lampe à fente. Vous allez regarder mon oreille ici, on regarde le devant de l'œil, donc la cornée, l'iris, le cristallin, voir si y a pas de cataracte, etc. À votre âge ça m'étonnerait mais on sait jamais, voilà. Ensuite, on rajoute une lampe intermédiaire, qui est une lentille de « Volc », qui a l'intérêt de ne pas toucher l'œil et qui permet de voir le fond de l'œil, donc la rétine, la papille, donc ça éblouit, ça fait beaucoup de lumière. Vous regardez ici mon oreille, c'est une espèce de loupe grossissante donc on voit les petits vaisseaux, la rétine, l'arrivée de la... du nerf optique de l'œil qui s'appelle la papille, regardez ici, c'est bon. Eh ben tout va bien !

Patiente : Eh ben tant mieux !

➢ Analyse

Que nous révèle cet extrait qui soit important à mettre en évidence dans l'activité de compréhension ?

Sur le plan du *déroulement de la communication* :

– les différentes étapes de cette consultation ;

– les nombreuses explications que le médecin fournit à la patiente sur les procédures de son examen clinique ainsi que l'objectif de ces explications ;

– la relation entre le médecin et la patiente.

Cette partie inclut des données factuelles mais également des données comportementales, en ce sens que les explications que donne le médecin sont liées à la relation que celui-ci veut établir avec la patiente. Et rien ne dit que ce mode de relation soit universel. Il est très probable que d'un pays à un autre les choses se déroulent différemment entre un médecin et son patient. Ceci est à rattacher à l'arrière-plan culturel que nous évoquions dans la partie *Analyse des besoins*. D'où l'intérêt de souligner dans l'activité de compréhension proposée aux apprenants non seulement *le contenu objectif* de ces explications, mais aussi *leur fonction relationnelle*.

Sur le *plan linguistique* :

• les termes spécialisés : dépistage, vision binoculaire, accommodation, convergence...

• les reformulations destinées à simplifier le contenu technique du discours (procédure de vulgarisation) :

– *si vous n'avez pas de troubles de vision binoculaire, c'est-à-dire en gros un œil qui louche...*

– *on va étudier la convergence, c'est-à-dire* [...] *les yeux doivent pouvoir se rapprocher l'un l'autre...*

– *y a une accommodation,* [...] *c'est-à-dire que l'œil se règle pour que l'image soit nette en fonction de la distance.*

• les reprises destinées à rendre le discours moins dense :

– *(si vous n'avez pas) un œil qui louche... voir si les deux yeux marchent bien ensemble...*

– *si les yeux restent bien droits... s'ils ont pas tendance à bouger...*

– *ça éblouit... ça fait beaucoup de lumière*

• la manière de donner les consignes :

– *alors maintenant vous allez regarder*

– *regardez*

– *vous regardez*

– *vous me dites top*

- la manière de rassurer :
  - *un petit examen*
  - *c'est tout sans rien faire d'autre, tout simplement/c'est simplement pour/d'une façon très simple*
  - *y a pas de problème*
  - *eh ben, tout va bien*

➤ **Déroulement de l'activité**

L'enseignant distribue le questionnaire ci-dessous sous forme écrite. Les apprenants y répondent par concertation en petits groupes, ou individuellement avant de confronter leurs réponses en petits groupes.

QUESTIONNAIRE

❶ Quels sont les trois contrôles effectués par le médecin pendant cette consultation ? Remplissez le tableau suivant.

Contrôle	Méthode utilisée

❷ Le médecin explique différents termes spécialisés :
– Accommodation
– Troubles de la vision binoculaire
– Convergence
Retrouvez ces explications.

❸ – Relevez les différentes expressions utilisées par le médecin pour donner des consignes à la patiente.
– Par quelles expressions le médecin rassure-t-il sa patiente ?
– Pourquoi, à votre avis, le médecin donne-t-il beaucoup d'explications à la patiente ?
– Pensez-vous qu'une consultation se déroule de la même façon chez vous :
- sur le plan technique ?
- sur le plan relationnel entre le médecin et le patient ?

➤ Adaptations possibles

Traitement du lexique

Cette activité de compréhension peut connaître des variantes selon le moment où ce document apparaît dans le programme de formation, en particulier en ce qui concerne le traitement du lexique. Diverses alternatives peuvent être envisagées :

– Les *termes spécialisés sont déjà connus* (c'est ce qui est supposé ici) et les apprenants doivent retrouver leurs reformulations vulgarisées ;

– Les *termes français ne sont pas encore connus*, ou tout au moins l'enseignant n'en est pas sûr, et il faut les introduire ; là encore, différentes procédures sont possibles :

- recours à la traduction (si l'enseignant parle la langue des apprenants) par l'élaboration d'un glossaire dressé par l'enseignant préalablement au cours, ou par les apprenants à qui l'on donne la liste des termes et qui partent eux-mêmes à la recherche de la traduction (dictionnaire bilingue, concertation entre eux, hypothèse à partir de la transparence des langues, etc.) ;
- recours à des documents iconiques, des schémas légendés en français (coupe de l'œil avec les termes *cornée, iris, cristallin,* etc.).

Traitement de l'image

Ce document vidéo montrant très explicitement les actions du médecin, l'image peut être utilisée seule, dans un premier temps, de manière à préparer la compréhension du dialogue. Pour des gens de la spécialité, la reconnaissance des différents gestes effectués par le médecin et du matériel utilisé permet d'anticiper sur l'écoute, de faire des hypothèses sur les échanges verbaux. Il est aussi possible de choisir de traiter d'emblée le document vidéo avec le son, la vision d'une image privée de son pouvant être perçue comme un exercice peu motivant par certains publics.

Travail sur la bande-son seule

L'enseignant peut se servir de ce document même s'il ne dispose pas de matériel vidéo, en n'utilisant qu'une copie de la bande-son. Le contenu du discours le permet. Mais cela suppose, pour ne pas compliquer artificiellement le travail de compréhension des apprenants, de compenser l'absence de l'image par des documents iconiques tels que des photos d'appareils utilisés par l'ophtalmologue, par exemple. Cela implique aussi de faire préciser aux apprenants le sens des déictiques dans le discours du médecin : *comment vous représentez-vous la scène lorsque le médecin dit « vous regardez les petits points noirs qui sont là-bas*, ou *vous regardez la pointe du crayon* » ? Pour des spécialistes, la reconstitution de la dimension visuelle de la scène ne devrait pas présenter de difficultés majeures.

1.4 Lire en archéologie

Nous nous intéressons ici au cas évoqué p. 39 des étudiants jordaniens en archéologie ayant à développer une *compétence en lecture de textes spécialisés.* Comme nous l'avons fait pour le discours magistral des enseignants, nous verrons quels sont les traits les plus saillants que nous révèle une lecture attentive de ces textes, et leurs effets sur les activités de compréhension écrite.

1.4.1 Archéologie et interprétation

Une église byzantine à Pétra

Le site fouillé est situé au cœur de la ville, à l'est du temple aux Lions ailés, sur la crête Jabal Qabr Jumayr'an au nord de la route romaine. Une évaluation générale du site *laisse entrevoir* l'existence d'un complexe architectural plus vaste, dont l'église byzantine ne *constituerait* qu'une partie. *On pense que* moins de la moitié du complexe a été dégagée au cours de travaux du « Petra Church Project ». La nature de cet ensemble architectural *est difficile à cerner* ; il *pourrait* cependant s'agir d'un monastère. [...]

Les résultats des fouilles des salles situées au nord *suggèrent* que les épisodes de pillage furent fréquents. La « salle des papyrus » en donne le meilleur exemple. De nombreux fragments de mosaïques murales qui *devaient,* à l'origine, appartenir au décor de la semi-coupole couronnant l'abside sud furent découverts parmi les pierres provenant d'un important effondrement. Ces fragments furent *de toute évidence* abandonnés par les pillards en même temps que d'autres matériaux (marbre) provenant de l'abside. *Manifestement,* l'église, détruite par l'incendie, fut abandonnée mais elle continua à être visitée à l'occasion par des individus en quête d'éléments décoratifs *ou* à la recherche d'un abri provisoire.

Les tessons de vingt et une grandes jarres ont été découverts le long du mur sud de l'église. Ces jarres furent *peut-être* entreposées là après l'abandon de l'église, puis écrasées lors d'un tremblement de terre *à moins que* ces récipients ne fussent à l'origine placés dans le

.../...

> .../...
> bas-côté sud alors que l'église servait encore. *Il semble* qu'ils aient pu être stockés *soit* en haut, au niveau de la claire-voie qui a brûlé, les précipitant lors de son effondrement, *soit* sur les bancs en bois situés le long du mur. [...]
>
> Zbigniew T. Fiema (texte traduit de l'anglais par Ann Sautier), *Archeologia*, n° 302, 1994.

➤ Analyse

La démarche de recherche en archéologie consiste à faire parler des objets-vestiges, traces parcellaires d'une société disparue. La description des objets, aussi précise soit-elle, s'inscrit dans un discours fondamentalement interprétatif, tant il est vrai que c'est une chose de repérer l'existence d'un bâtiment carré mais une autre de savoir quelle était la fonction de ce bâtiment. Les **marques d'incertitude** (soulignées ici en italiques) occupent donc une place importante dans les discours de la discipline. L'article d'où est tiré cet extrait n'en compte pas moins d'une cinquantaine pour 4 500 mots. Cette modalisation se manifeste à travers des marques morphologiques, syntaxiques et lexicales diverses. Cela peut être un verbe modalisateur *(il semble, on pense)*, un adverbe *(manifestement, peut-être, de toute évidence)*, une conjonction de subordination *(à moins que)*, le conditionnel, souvent combiné à un auxiliaire modal *(constituerait, il pourrait s'agir)*, un verbe *(s'apparente, suggère, laisse entrevoir)*, etc. Toutes ces tournures ne sont pas synonymes. Elles manifestent une diversité de degrés dans l'incertitude : de *sans aucun doute* à *peut-être*, de *tout laisse à penser que* à *il n'est pas impossible que*, la gamme des postures énonciatives du locuteur est étendue. Ne pas percevoir clairement cette modalisation revient, pour le lecteur, à ne pas comprendre le texte. Une mauvaise maîtrise de ces marques d'énonciation peut avoir des effets beaucoup plus lourds que certaines défaillances syntaxiques ou lexicales.

➤ Déroulement de l'activité

Compte tenu de ces caractéristiques, les consignes peuvent être les suivantes :

1. *Classez en deux colonnes les données présentées comme certaines et celles présentées comme hypothétiques.*

2. *Soulignez les termes qui indiquent que les données sont des hypothèses et non des certitudes.*

3. *Classez les informations selon leur degré de probabilité.*

- Etc.

L'activité peut être réalisée à travers la même démarche de concertation que celle vue dans l'exemple précédent. Les apprenants peuvent choisir de travailler d'abord seuls puis comparer leurs résultats en petits groupes de deux ou trois, ou au contraire chercher ensemble les réponses.

Cette brève analyse de la modalité d'incertitude conduit également à réfléchir au **contenu grammatical** de la formation. Celui-ci va dépendre étroitement des structures rencontrées dans les discours. Il est clair par exemple, après ce qui vient d'être analysé, que l'étude (ou la reprise) du conditionnel sera à prévoir très tôt dans la formation de ces étudiants en archéologie et ce, sous la forme présente dans le texte pp. 102-103 (*serait, pourrait être*) et non dans sa forme la plus classiquement étudiée (si + imparfait + conditionnel). Il en va de même pour le passé simple, qui occupe une place importante dans de nombreux textes d'archéologie ayant une dimension historique (*cf. les épisodes de pillage furent fréquents, l'église fut abandonnée,* etc.).

1.4.2 Archéologie et description

Une autre des grandes caractéristiques des textes d'archéologie est leur *fonction descriptive*, comme le montre le texte ci-dessous.

Qasr Kharaneh

Ce monument est situé à 55 km à l'est d'Amman, du coté nord de la route d'Azraq. Cet édifice carré de 36,50 m sur 35,50 m est bâti sur deux niveaux. Influencé par des techniques architecturales perses, il est construit de moellons. De couleur sable, à ses quatre angles, il y a des tours en arc de cercle. Au centre des façades est, ouest et nord se trouve une demi-tour. Au 3/4 de la hauteur des murs, les moellons sont posés en diagonale de façon à former un décor. À l'intérieur du bâtiment, la température baisse considérablement. De part et d'autre du couloir de l'entrée principale, se trouvent deux pièces rectangulaires (13 m sur 8 m) aux portes hautes et étroites. Au bout du couloir d'entrée, il y a une grande cour carrée centrale d'où des pièces symétriques se répartissent de façon régulière, ce sont des bayts. La cour recouvre une citerne souterraine.

Malgré les apparences, Qasr Kharaneh n'est pas une forteresse militaire. En effet, les tours sont pleines, les meurtrières obliques et trop hautes... Cette ressemblance avec une fortification est un

.../...

.../...
élément présent dans d'autres châteaux omeyyades, comme Qasr Mushatta, près de l'aéroport d'Amman. Les meurtrières sont en fait utilisées pour permettre une ventilation à l'intérieur de Qasr Kharaneh.

Un graffiti a été retrouvé dans Qasr Kharaneh indiquant la date du 27 Muharram 92, ce qui correspond au 24 novembre 710. La construction de ce château est donc antérieure à cette date. Les commanditaires du château n'ont cependant pas encore été identifiés par les chercheurs[1].

Déroulement de l'activité

La dimension descriptive de ce texte peut être prise en compte de plusieurs manières dans les activités d'enseignement, à travers des consignes telles que :

1. *Tracez un schéma représentant le lieu décrit.*

2. *Retrouvez parmi les différents schémas ci-contre celui qui correspond à la description du texte. Justifiez votre choix.*

Reconnaître Qasr Kharaneh

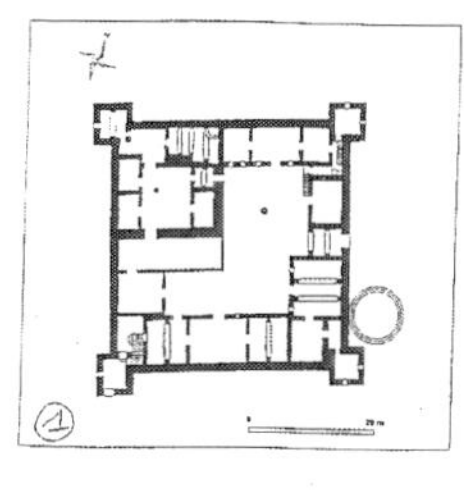

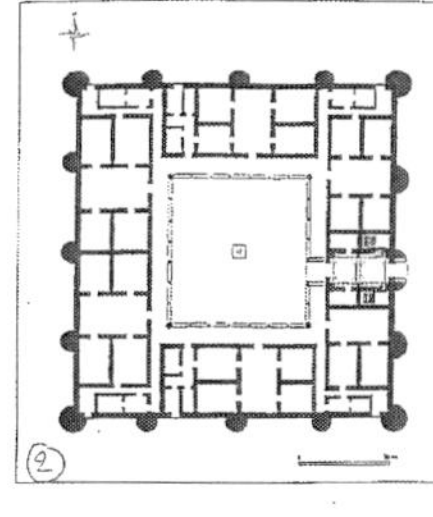

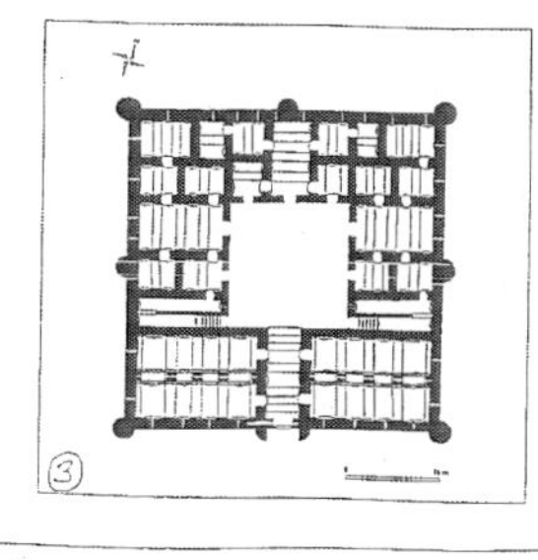

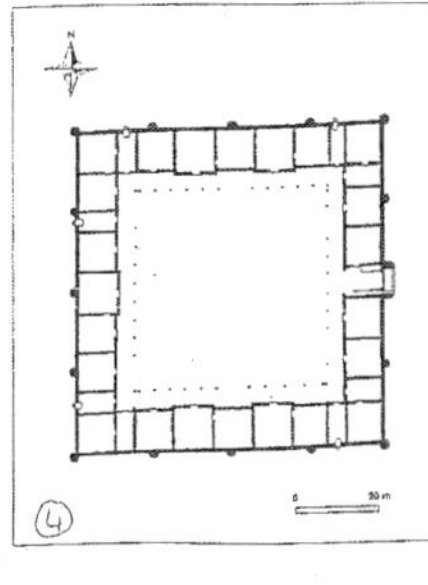

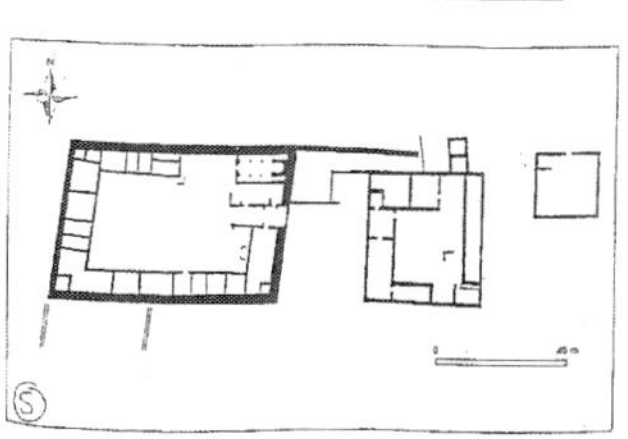

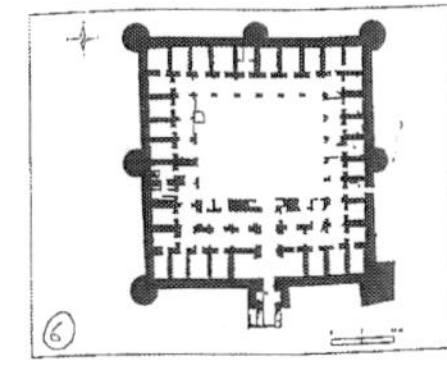

1. Texte et activités constitués par Marie Frangin, *Maîtrise de didactique du FLE*, université Lyon 2.

3. *Remplissez la fiche technique de relevés archéologiques*[1] *à partir de la lecture du texte. (Le texte ne permet pas de remplir toutes les rubriques.)*

Fiche technique des relevés archéologiques

Nom : **Situation géographique :** **Date de la construction :** **Bâtisseur :**
Enceinte extérieure Taille : Matériaux de construction : Fortifications :
Entrée Orientation : Caractère spécifique :
Appartements Pour : Nombre :
Salle d'audience Superficie : Couverture : Décoration : Caractéristiques spécifiques : Prolongements :
Bains Composition : Nombre de pièces : Couverture des pièces : Caractéristiques spécifiques :
Systèmes hydrauliques Puits : Citerne : Canalisations : Système utilisé : Caractéristiques spécifiques :

La consigne 1 peut être préférée à la deuxième pour un groupe un peu plus avancé sur le plan des connaissances en archéologie, donc plus apte à reproduire des formes architecturales. Pour un public moins familier de ces discours, la deuxième consigne sera plus réaliste. Une combinaison des deux est également envisageable, la consigne 2 servant de vérification après la réalisation du schéma. Quant à la troisième, elle complète les précédentes dans la mesure où elle met l'accent sur des informations absentes des schémas.

1. Document de travail habituel sur champ de fouilles.

1.5 Préparation à la visite guidée d'installations agronomiques

Cette activité fait partie du programme des agronomes égyptiens (*cf.* p 11). Nous avons vu dans l'analyse des besoins langagiers que la compétence d'expression orale était importante, notamment pour la présentation des différents matériels constituant le centre de recherche. Les chercheurs doivent être capables de montrer, en les commentant, les différentes étapes de traitement du lait et de fabrication des produits laitiers à des partenaires français, officiels en visite, ou chercheurs en mission. Pour ces derniers, la présentation sera plus poussée et les explications pourront concerner d'éventuels dysfonctionnements.

Étant donné le niveau des apprenants, l'enregistrement de la visite guidée des installations a été réalisé en langue maternelle, puis a été traduit en français avant d'être à nouveau enregistré. Aucun membre du centre de recherche n'était en effet en mesure d'assurer cette visite en français.

Un premier travail d'analyse à été effectué à partir de cette transcription puis complété par un schéma du circuit du lait. L'objectif est de faire produire un discours oral descriptif des installations constituant le cadre de travail des chercheurs à partir d'un schéma simplifié.

- **Transcription**

Les camions de lait arrivent par le parking nord de l'université. Il est contrôlé puis déversé dans une cuve. Mais parfois on est obligé de rejeter des quantités de lait de moins bonne qualité qui seront destinées à la fabrication d'aliments pour animaux. [...]

Le lait reçu est recueilli dans ces réservoirs de stockage, avant on enlève les impuretés. Puis, il est envoyé dans plusieurs machines pour être transformé.

D'abord on verse le lait dans cet appareil et on le chauffe à 80 °C, il est pasteurisé, c'est-à-dire qu'on détruit dans le pasteurisateur les bactéries nocives, sinon il pourrait tourner très vite.

Après il est homogénéisé. On casse les molécules de graisse qui pourraient former la crème.

On sépare le lait « frais » qui est prêt à être conditionné et le lait « longue conservation » qui sera, lui, chauffé à plus de 100 °C, c'est-à-dire stérilisé d'abord, pendant une durée courte, autrement il rancit avec le temps.

.../...

.../...

Pour produire les yogourts, on ajoute au lait des « ferments », c'est-à-dire des micro-organismes pour le faire fermenter et lui donner son goût caractéristique. [...]

Pour les fromages frais et affinés, on réchauffe le lait dans cette chaudière et on ajoute la présure. C'est une substance qu'on trouve dans l'estomac des bovins et qui l'épaissit comme une pâte. C'est le « caillé », qu'on sépare du liquide restant, le « petit lait ».

Avec le lait caillé, on fabrique les fromages frais et affinés.

On peut aussi utiliser les restes d'autres fromages, traités, avec de la crème, du lait en poudre, du beurre et des produits chimiques pour obtenir une substance molle, puis le tout est fondu dans une machine, puis mélangé. Ensuite on stérilise la pâte obtenue pour avoir le produit fini, qu'on appelle fromage « fondu ».

Ici c'est la centrifugeuse pour le beurre. On fait tourner très rapidement le liquide dans la centrifugeuse et la graisse du lait, qui est plus légère, est séparée du lait et se retrouve au centre, et le « babeurre », c'est-à-dire le lait écrémé, est entraîné sur les bords de la machine.

Ensuite on pasteurise la crème avant de l'envoyer dans la baratte pour enlever complètement le babeurre. Puis on pétrit le beurre obtenu et on l'emballe dans la pétrisseuse-conditionneuse. [...]

➤ Analyse

Ce discours oral relève de la *description de procédé* : lexique de la localisation dans l'espace et le temps, verbes indiquant différents types d'action, de mouvement, de transformation.

Localisation dans l'espace et le temps	Verbes de mouvement	Verbes de transformation
Par le parking nord, Dans cet appareil, Au centre, Sur les bords, Pendant une durée courte	Arriver par, déverser, enlever, séparer, rejeter, recueillir, envoyer, verser, ajouter, faire tourner	Transformer, chauffer, pasteuriser, détruire, homogénéiser, casser, fermenter, épaissir

Afin de mieux cerner les traits linguistiques caractéristiques de ce type de discours, ce dernier est complété par des descriptions des produits fabriqués à chaque étape du circuit du lait. Ces courtes descriptions orales s'attachent aux caractéristiques physiques des objets désignés : nature, matière, consistance, taille, volume, masse, forme, couleur, composition. Elles s'appuient sur des éléments linguistiques récurrents, en particulier des adjectifs issus du discours scientifique appliqué au traitement industriel du lait et qui se classent souvent sous forme de couple antinomique :

– naturel/industriel
– soluble/insoluble
– pulvérulent/compact
– translucide/opaque.

➤ **Déroulement de l'activité**

1. L'étude du texte enregistré permet un repérage des structures caractéristiques de la description dynamique à l'aide du tableau précédent. Ces dernières sont complétées et précisées par d'autres outils linguistiques :

– structures passives ;
– prépositions introduisant une qualité ;
– « verbes-outils » : *comprendre* (dans le sens de « posséder »), *rester, continuer* ;
– nominalisations, caractéristiques du discours scientifique *(réservoirs de stockage)*.

2. À partir de la visite guidée orale de l'unité laitière, les chercheurs complètent un schéma non légendé du circuit du lait au sein du processus de fabrication des produits laitiers. Puis ils expliquent le fonctionnement de certaines machines (centrifugeuse, machine de fusion, homogénéisateur, etc.) et décrivent certaines étapes de la fabrication (affinage, adjonction de présure, stérilisation, etc.).

3. Cette activité est complétée par un travail de sélection de l'information et d'enrichissement du vocabulaire à travers un texte à choix multiple dont l'original est issu de la documentation en français de l'unité de recherche. Il s'agit aussi d'un exercice de discrimination lexicale destiné à distinguer le terme scientifique du terme général, et, à l'intérieur du lexique scientifique, le terme appartenant au domaine laitier de celui issu d'une autre discipline. Les définitions spécifiques ainsi identifiées sont ensuite introduites dans le discours oral de la visite des installations.

Choisissez le terme qui convient parmi les trois propositions :

1) Aspect

Le lait est un liquide *translucide/opaque/foncé,* blanc mat, plus ou moins jaunâtre selon la *masse/quantité/teneur* de la matière grasse en *carottines/carotides/carotènes.* Il a une odeur peu marquée, mais

.../...

.../...

caractéristique/impersonnelle/spécifique. Son goût, variable selon les espèces animales, est agréable et douceâtre.

2) *Variables/constantes/paramètres* physiques

Quelques valeurs essentielles des *variables/constantes/paramètres* physiques les plus usuelles pour la détermination de la qualité du lait sont données dans le tableau ci-dessous :

Variables/constantes/paramètres	**Valeurs**
pH (20 °C)	*6,1 à 6,3* *6,5 à 6,7* *6,9 à 7,1*
Acidité titrable	– 15/– 10/– 5
Masse/poids/densité	1,028 à 1,036
Température de congélation	*– 0,51 °C à – 0,55 °C* *– 1 °C à – 0,95 °C* *– 0,32 °C à – 0,39 °C*

La mesure du pH renseigne précisément sur l'état de fraîcheur du lait. Un lait frais normal est *acide/alcalin/neutre* ou à tendance légèrement acide vis-à-vis de l'eau pure.

S'il y a action des *bactéries/bacilles/microbes* lactiques, une partie du *glucose/galactose/lactose* du lait est dégradée en acide lactique, ce qui entraîne une augmentation de la concentration du lait en *atomes/molécules/ions* hydronium (H_3O^+) et donc une diminution du pH, car : pH = log 1/(H_3O^+).
Si le pH est inférieur à 6,5, le lait est acide.
Un lait mammiteux, contenant des composés à caractéristiques *neutres/acides/basiques,* aura un pH supérieur à 7 [...].

4. Après cette première étape de travail oral, l'activité est orientée vers l'écrit. Les chercheurs disposent du tableau ci-dessous schématisant le circuit de fabrication des principaux fromages produits dans l'unité laitière à des fins de recherche et doivent construire un discours écrit de description des fromages.

Principes d'élaboration de quelques fromages[1]

Fromage	Emprésurage	Égouttage	Salage	Affinage	Conservation
Frais : fromage blanc	14 à 24 °C				0 à 5 °C 2 à 10 jours
Pâte molle : camembert	27 à 32 °C	18 à 30 °C	13 °C 1 jour	HR : 90 % 8 à 10 °C 14 jours	8 à 15 °C 3 semaines
Pâte pressée non cuite : saint-paulin	30 à 35 °C	17 à 18 °C	12 à 15 °C 3 à 5 jours	peu d'air 20 à 30 jours	10 à 15 °C
Pâte cuite : emmenthal	30 à 35 °C	18 à 21 °C	11 à 15 °C sel de saumure	10 j. à 10 °C HR : 85 % Ensuite 16 à 25 °C HR : 85 %	10 à 12 °C HR : 80 % 60 jours minimum
Pâte persillée : roquefort	28 à 30 °C	18 °C HR : 90 % 3 à 6 jours d'ensemencement penicillium roqueforti	8 à 10 °C HR : 97 %	4 à 9 °C HR : 95 à 100 % air	0 °C HR : 77 % 45 jours

HR = humidité (ambiante) relative.

– À partir du tableau, les apprenants rédigent la fiche technique de fabrication de l'emmenthal et du saint-paulin, par exemple.

– Ce tableau permet, en prolongement, d'élaborer une activité grammaticale sur les comparatifs : les apprenants comparent le mode de fabrication des différents fromages.

Exemples de productions :

- L'emprésurage du roquefort et du camembert se fait presque à la même température.
- Le camembert se conserve moins longtemps que le roquefort.
- La température de salage du camembert est supérieure.

5. Une activité de classification est ensuite proposée : à partir des quatre descriptions ci-dessous, les chercheurs remplissent le tableau classant les caractéristiques générales des fromages.

1. Informations issues de la documentation en français de l'unité de recherche.

Le brie, le camembert : Le brie, né en Ile-de-France, et son cousin le camembert de Normandie sont des fromages à la personnalité unique. Leur croûte est blanche et feutrée. Leur pâte souple et onctueuse fond dans la bouche. Ils ont donné naissance à un grand nombre de spécialités françaises. Les autres fromages de cette famille, à la croûte dorée, ont un goût plus prononcé.

Un fromage aromatisé : Certains fromages (fromages frais, fromages fondus) peuvent être aromatisés : noix, raisins, fines herbes, poivre, ail ou herbes de Provence s'ajoutent à leur saveur. De formes et de coloris variés, ils apportent sur un buffet une coloration attrayante.

Le chèvre : Ces fromages, fabriqués uniquement avec du lait de chèvre, sont d'une consistance tendre et d'une saveur douce. Leurs formes sont originales allant de la pyramide au petit crottin rond ou à la bûche allongée. Appréciés des connaisseurs, ils peuvent être vendus soit à la coupe, soit à la pièce.

Le bleu : Les fromages bleus font le renom des fromages français avec le bleu d'Auvergne, le bleu de Bresse, le bleu des Causses et la fourme d'Ambert. Leur goût fort mais savoureux, comme celui du roquefort, piquant mais onctueux, les a rendus célèbres. Ils ont une personnalité séduisante et une couleur persillée qui agrémente un plateau de fromages.

Type	**Composition/ matière**	**Consistance**	**Goût**	**Présentation (forme, couleur, caractère)**
Brie, Camembert				
Fromages aromatisés				
Chèvre	Lait de chèvre	Tendre	Saveur douce	Formes originales : pyramide, petit crottin rond, bûche allongée
Bleu				

– L'opération inverse est ensuite proposée : à l'aide du tableau complété, les apprenants rédigent, d'après le modèle précédent, une description de chaque variété de fromage présentée :

Type	Composition/ matière	Consistance	Goût	Présentation (forme, couleur, caractère)
Fromage dur		Pâte dure	Caractéristique, prononcé	Doré ; grosses meules à la coupe
Fromage demi-dur		Pâte fine et souple	Légèrement lacté	Couleurs variées : orange, noir, jaune
Fromage en portions		Tendre, à tartiner	Crémeux, salé ou sucré	En portions, préparé, pratique
Nouveaux fromages	Pâte couverte d'aromates Croûte dessinée	Gras, onctueux	Aromatisés (poivres, épices, herbes...) ou nature	Formes variées

Exemples de productions :

• Un fromage demi-dur comprend une pâte fine et souple au goût légèrement lacté et une croûte de couleur variée, orange, noire ou jaune.

• Les nouveaux fromages se composent d'une croûte dessinée et d'une pâte couverte d'aromates, à la consistance grasse et onctueuse. Ils sont relevés par du poivre, des épices ou des herbes, et sont de formes variées (ou : se présentent sous des formes variées).

Cette dernière activité, de même que la précédente, peut être proposée à l'oral aussi bien qu'à l'écrit, et s'inscrire ainsi dans l'objectif annoncé de développement des compétences orales.

1.6 Préparation au diplôme de français des affaires de la CCIP

L'objectif de l'enseignant assurant un cours de français des affaires dans le cadre des examens pour étrangers de la CCIP est naturellement la réussite à des épreuves écrites et orales clairement identifiées, ce qui facilite l'analyse des besoins de son public. Les compétences requises pour parvenir à la réussite de l'examen recouvrent celles de la démarche communicative appliquée à des situations professionnelles du monde de l'entreprise et en prise directe, comme en témoignent les annales de l'examen, sur l'actualité socio-économique (les « 35 heures », la mondialisation, les délocalisations, par exemple). Par ailleurs, une extension à la situation économique du pays des apprenants est souvent proposée, notamment dans l'épreuve d'expression orale. L'enseignant est libre de construire son programme à partir de sa propre collecte des données ou en ayant recours partiellement ou totalement à un manuel de français des affaires.

Nous proposons ici d'étudier des activités didactiques organisées à partir de tableaux de données économiques collectées par l'enseignant, dans le cadre de la préparation d'étudiants jordaniens.

Ces activités répondent à un double objectif : la *compréhension de tableaux et de graphiques*[1], utilisés dans le cadre de la rédaction économique (*cf.* descriptif des épreuves p. 69), et *l'expression orale*, à partir de documents concernant le contexte local ou régional.

INFORMATIONS SUR LA JORDANIE

Nom officiel : Royaume hachémite de Jordanie

Chef de l'État : Abdullah II (roi de Jordanie)

Capitale : Amman

Superficie : 88 946 km^2

Population : (1995) 4 millions d'hab.

Taux annuel de croissance démographique : (1985-1990) 5,2 %

Taux d'urbanisation : (1994) 71 % ; (1995) 72 %

Principales villes : Zarqa, Irbid, Rusayfah

.../...

1. Ici la fiche pays de l'Institut du monde arabe et les rapports du Poste d'expansion économique de l'ambassade de France à Amman.

…/…

Langues : arabe, anglais

Religions : (1992) 93 % de musulmans (surtout sunnites) ;
186 000 chrétiens (grec-orthodoxes, grec-catholiques, melkites, etc.)

Monnaie : (oct. 1997) 1 dinar = 1 000 fils = 8,30 FF

PNB total : (1994) 5,85 milliards de $ – 100e rang mondial sur 226 pays

PNB/hab. : (1994) 1 390 $ – 129 e rang mondial sur 226 pays

Croissance annuelle : (1985-1995) + 1,3 % ; (1996) + 5,2 %

Agriculture : terres arables (% superficie émergée) : (1993) 3 % ;
terres irriguées (% des terres arables) : (1993) 20 %

Principales ressources :
Phosphates : (1995) 5 000 000 de tonnes – 7e rang mondial
Potasse : (1995) 950 000 tonnes – 8e rang mondial
Tourisme : (1992) 3 300 000 visiteurs
60 % du PNB proviennent des services

Exportations : (1995) 1,6 milliard de $ = exportation de phosphates, de potasse, d'engrais, de produits alimentaires, etc.

Rapport export./import. (export. en % des import.) **:** (1995)
1,6 milliard de $/3,7 milliards de $ = 43 %
Exportations vers la France : 3 millions de $
Importations de France : 151 millions de $
Solde commercial négatif – la France est le 7e fournisseur de la Jordanie.
Actuellement, une trentaine d'implantations françaises sont recensées par le Poste d'expansion économique de l'ambassade de France.
Dette extérieure totale : (1994) 6,9 milliards de $ – 122 % du PNB

Taux d'inflation : (1995) + 3 %

Population active (en % de la pop. totale) **:** (1990) 27 %

Chômage (en % de la pop. active) **:** (1995) 15 %

ÉDUCATION

Taux brut de scolarisation tous niveaux confondus (1994) **:** 66 %
primaire (1993) 95 % dont F. 95 %, G. 94 %
secondaire (1993) 51 % dont F. 54 % et G. 52 %
supérieur (1993) 19 %

Durée de la scolarité obligatoire : 10 ans

Part de l'enseignement dans les dépenses publiques (1992-1994) **:** 10,5 %

Part de l'enseignement/% du PIB : (1994) 3,8 %

Étudiants faisant leurs études à l'étranger (1989-1993) **:** 17,5 %

DONNÉES ÉCONOMIQUES DE BASE

Indicateurs internes	1999	1998	1997	1996
Population (en milliers d'habitants)	4 900	4 756	4 600	4 444
PIB (en millions de dollars)	8 069	7 961	7 321	7 025
PIB/habitant (en $)	1,647	1,674	1,592	1,581
Évolution du PIB au prix du marché (constants)	3,1	2,9	3,1	2,1
Indice du coût de la vie	0,6	3,1	3	6,5
Taux de chômage	de 15 % (officiel) à 27 % (études indépendantes)			
Solde budgétaire hors dons (% du PIB)	– 7,4	– 9,9	– 10,3	– 5,8
Solde budgétaire dons inclus (% du PIB)	– 3,9	– 6,3	– 6,4	– 0,8
Dette publique interne (% du PIB)	1 443 17,9 %	1 578 19,8 %	Non connu	Non connu

Indicateurs externes	1999	1998	1997	1996
Exportations	1 434	1 472	1 505	1 467
Ré-exportations	348	327	330	350
Importations	3 727	3 835	4 100	4 292
Balance commerciale	– 1 869	– 2 036	– 2 265	– 2 475
Balance des services	1 716	1 660	1 896	1 797
Remise des travailleurs jordaniens (net)	1 460	1 335	1 455	1 444
Compte courant dons compris (% du PIB)	405 5 %	22 0,3 %	29 0,4 %	– 222 – 3,3 %
Compte courant hors dons (% du PIB)	15 0,2 %	– 325 – 4,5 %	– 611 – 5,5 %	– 698 – 9,4 %
Dette extérieure (% du PIB)	7 313 90,6 %	7 064 88,7 %	6 459 88,2 %	6 659 94,8 %
Service de la dette principal + intérêts (cash) (en % des exp.)	499 14,1 %	510 14,4 %	523 14,8 %	575 15,7 %
Réserves de change (en mois d'importations)	1 990 7,1	1 170 4	1 693 5,4	697 2,1
Taux de change JD/$	1,412	1,412	1,412	1,412
Autres données de base	**1999**	**1998**	**1997**	**1996**
Indice de la production industrielle (1994 = 100)	115,3	114,9	112	106,6
Phosphates (1 000 tonnes)	6 013,6	5 924,6	5 895,6	5 421,5
Potasse (1 000 tonnes)	1 800,2	1 526,9	1 415,6	1 765,5
Engrais (1 000 tonnes)	813,5	849,6	711,2	670,7
Clinker (1 000 tonnes)	2 445,1	2 441,7	3 054,5	2 983,3
Électricité (M kWh)	6 900,2	6 570	6 180,2	5 951,7
Indice de la production agricole	20,4 %	+ 13,2 %	8,5 %	+ 3,5 %
Permis de construire (1 000 m²)	4 473	4 097,2	4 496,9	5 471,1
Port d'Aqaba	**1999**	**1998**	**1997**	**1996**
Import (1 000 tonnes)	5 373,8	5 333,7	4 778,3	4 612,4
Export (1 000 tonnes)	7 479,9	7 310,3	7 534,8	7 396,4
Nombre de navires (unité)	2 351	2608	2 997	2 735

Relations commerciales franco-jordaniennes				
Exportations françaises (MF)	913	880	920	1 455
Importations françaises (MF)	53	20	34	39
Balance commerciale (MF)	860	860	886	1 416
Taux de couverture (%)	1 723	4 400	2 706	3 731
Place de la France	9	8	8	5
Part de marché	3,9 %	3,9 %	3,5 %	4,9 %
Dette de la Jordanie à l'égard de la France (MF)	675	752	695	756

➤ Analyse

Les différentes données sélectionnées inscrivent le programme d'enseignement dans la réalité économique du pays des apprenants, elles lui confèrent une certaine authenticité et motivent l'apprentissage. Elles permettent de réaliser une étude comparative avec les données d'autres pays et de situer la Jordanie au sein de groupements d'autres pays, par leurs liens économiques, commerciaux ou géographiques. Ces comparaisons alimentent les activités d'expression écrite et orale constituant l'examen.

Il apparaît plus intéressant de faire rechercher ces tableaux par les étudiants, sur Internet, afin de les familiariser avec la recherche documentaire et de les habituer à manipuler les principales données chiffrées et les agrégats économiques.

La comparaison des données sur plusieurs années (3e tableau) permet de dégager des évolutions et de repérer des événements significatifs. Ces tableaux sont riches en unités de mesure de l'activité commerciale et économique : % du PIB, M kWh, etc., et illustrent la façon dont elle est présentée.

Enfin, le troisième tableau fait apparaître les relations économiques entre la France et la Jordanie et leur évolution, ce qui constitue l'un des objectifs prioritaires de l'examen.

Les tableaux présentés conduisent à visualiser une évolution (plusieurs années sont représentées) et à dégager une information susceptible d'être présentée sur un autre type de support (graphique, schéma...). Par ailleurs, ils mettent en évidence des relations entre des phénomènes différents : *taux de croissance démographique / population active / taux de chômage / taux de scolarisation, etc.*

➢ Déroulement de l'activité

Cinq étapes sont prévues pour amener les apprenants à *analyser les données du document* (dont une partie leur est connue), à *développer leurs procédures de recherche et d'identification* des problématiques économiques de leur pays et à *maîtriser l'explicitation et le commentaire à l'oral* :

1. Questionnement sur les éléments intéressants des données :
– *Que déduisez-vous des chiffres relatifs à la démographie ? (Nombre d'habitants, taux de fécondité, scolarisation)*

2. Questionnement amenant des mises en relation de données caractéristiques :
– *Comment se répartit la population dans le pays ? Quelles sont les conséquences prévisibles en matière économique et en aménagement du territoire ?*
- *évolution des permis de construire*
- *répartition géographique*

– *À partir des chiffres relatifs à l'activité des différents secteurs (primaire, secondaire et tertiaire), comment définiriez-vous l'économie jordanienne ?*
- *indice agricole*
- *indice de la production industrielle*
- *répartition du PNB*

3. Classement de données sous forme de tableau :
– *Après avoir complété le tableau, dites comment vous définiriez les relations économiques et commerciales entre la Jordanie et la France ? Quelle évolution constatez-vous ? Repérez les dates importantes indiquant des changements significatifs et cherchez une interprétation possible.*

4. Schémas et commentaires :
– *Établissez un graphique afin de visualiser l'évolution depuis 1996 du PIB, de l'inflation, du taux de chômage (années en ordonnée, pourcentages et mesures monétaires en abscisse). Qu'en déduisez-vous ?*
– *Établissez un graphique, sur le même modèle, de l'évolution de l'indice de production agricole et de celui de la production industrielle. Quelle évolution constatez-vous ?*

Données à prendre en compte	Chiffres	Évolution en fonction des années
– Exportations vers la France – Importations de France – Solde commercial – Implantations – Dette – Taux de couverture – Part de marché – Place de la France		

Dans toutes ces activités, le travail sur la *langue* porte sur la transformation de tableaux de statistiques en énoncés écrits ou oraux. Les structures traitées sont liées à la comparaison *(comparatifs, superlatifs)*, à l'introduction des chiffres et leur mise en relation *(s'élever à, compris entre... et..., atteindre)*, à l'évaluation *(beaucoup, important, peu élevé)*, à la caractérisation des données propres au domaine *(positif, déficitaire, excédentaire, négatif)*.

5. Expression orale :
À partir des éléments précédents, élaborez des commentaires oraux sur la situation économique locale en suivant le modèle ci-dessous :

appréciation → chiffres → évolution → comparaison

Exemple de commentaire :

La balance commerciale de la Jordanie *est déficitaire de* 1 869 000 000 dollars. La situation *s'améliore puisque* ce déficit *est en régression depuis* 1996 où *il atteignait* 2 475 000 000 dollars. Il est en partie *compensé par* l'excédent de la balance des services *qui atteint* cette année 1 716 000 000 dollars.

Si ces activités privilégient l'expression orale, la première phase de leur réalisation constitue aussi une préparation à l'épreuve de rédaction économique. Les étudiants procèdent en effet selon la même démarche de compréhension des tableaux de données économiques : sélection des informations selon l'objectif fixé par la consigne de l'épreuve, identification de problèmes éventuels, mise en relation de données.

Dans cet ensemble de tâches, les apprenants développent leur connaissance de la langue à travers des pratiques particulières de traitement d'information, en l'occurrence l'analyse de données statistiques.

Cet exemple de démarche de travail met en évidence une caractéristique forte du FOS, le couplage entre le savoir linguistique et le savoir-faire langagier. Ce point sera plus longuement développé à la fin de ce chapitre (*cf.* p. 132).

1.7 Expression écrite professionnelle : la lettre publicitaire

Dans la même perspective de préparation aux examens de la CCIP, cette activité se propose de favoriser *l'identification des caractéristiques de la lettre circulaire,* dans le cadre de l'épreuve de correspondance commerciale. Elle est à adapter selon le niveau de l'examen proposé : pour le 1er niveau, le document authentique collecté par l'enseignant (*cf.* document ci-dessous) peut suffire, dans la mesure où l'épreuve s'appuie le plus souvent sur une seule correspondance. En revanche, pour le 2e niveau, le document est complété par d'autres supports puisqu'il s'agit d'une véritable étude de cas (échanges de lettres, rapports, graphiques, etc.).

La lettre circulaire du *Monde*

La lettre circulaire distribuée par le journal *Le Monde* à la clientèle expatriée constitue un document publicitaire intéressant pour une étude approfondie de la langue employée et pour un repérage des différences formelles avec la lettre commerciale (proposition de vente, devis, facturation, après-vente, etc.)[1].

LE MONDE
Édition internationale

Décembre ...

Chère Madame, Cher Monsieur,

De tous les quotidiens francophones, *Le Monde* est certainement le plus important. Grâce au sérieux de ses informations, à la fiabilité de ses journalistes et à la richesse de sa documentation, il est reconnu comme le journal français par excellence.

C'est aussi le quotidien français le plus diffusé à l'étranger.

Malheureusement, l'éloignement de la France et le coût du transport interdisent à certains de le lire régulièrement.

.../...

1. Tiré du programme de français commercial conçu par le département de Français Spécialisé de la mission de recherche et de coopération d'Égypte.

.../...

C'est pourquoi *Le Monde* a été amené à concevoir une *Édition internationale* spécialement destinée aux lecteurs de l'étranger. Son papier est allégé et réduit les frais d'affranchissement.

L'*Édition internationale* du *Monde* n'est pas un quotidien.

C'est un hebdomadaire paraissant chaque mercredi. Au format du *Monde*, elle contient une sélection des principaux articles publiés en France par le quotidien.

Je sais que vous faites partie de ces hommes et de ces femmes qui souhaitent garder un contact avec la France, avec sa culture, sa langue, sa vie politique. L'*Édition internationale* du *Monde* constitue ce lien privilégié. En effet, elle vous tient au courant de toute l'actualité française, l'évolution politique, la vie économique, les tendances de la Bourse de Paris, les grandes manifestations artistiques, les livres importants parus en France et vous propose les meilleurs reportages des correspondants du *Monde*.

Pour un prix raisonnable, l'*Édition internationale* vous permet de lire chaque semaine l'essentiel du *Monde*.

N'hésitez pas ! Renvoyez vite le bulletin d'abonnement personnel ci-joint pour recevoir bientôt l'*Édition internationale* du *Monde*.

Nous espérons vous compter bientôt parmi nos lecteurs.

Sympathiquement vôtre.

➤ Analyse

Selon le « taux de pénétration » du média utilisé et sa plus ou moins grande sélectivité, le discours publicitaire adapte ses structures linguistiques : tournures plus ou moins personnelles, richesse lexicale, jeux de mots. La lettre circulaire constitue un type de publicité très répandu au sein de l'entreprise. Celle du journal *Le Monde* est envoyée aux Français vivant à l'étranger. Le discours produit ici vise à influencer, persuader, séduire.

Les raisons du choix de la lettre circulaire résident à la fois dans son aspect dialogique et dans la simplicité de sa langue qui permet un repérage aisé des structures caractéristiques et leur réemploi dans la rédaction de lettres similaires.

➤ Déroulement de l'activité

L'activité proposée est proche de l'usage réel du document en situation naturelle : rédiger une lettre circulaire publicitaire. Il s'agit ici de préparer les candidats à l'épreuve de correspondance d'affaires par une démarche en trois étapes :

1. Comparer la structure et les marques discursives de la lettre circulaire et d'une lettre commerciale classique.

2. Dégager les marques linguistiques caractéristiques de la lettre circulaire.

3. Réemployer ces marques en les adaptant à une nouvelle situation commerciale.

Tâches réalisées par les apprenants

1. Les apprenants réalisent un tableau qui fait apparaître les caractères propres à la lettre circulaire par comparaison avec la lettre commerciale. Cet exercice aboutit à mettre en évidence les données suivantes :

Caractéristiques linguistiques et communicationnelles	Lettre commerciale	Lettre circulaire
Objectif	Vente d'un produit à un client	Informer les clients d'un problème, proposition de vente d'un nouveau produit
Destinataires	Un seul client	Plusieurs
Nature du texte	Unique	Réutilisable
Structure	Référence à une situation antérieure Formule d'ouverture Objet de la lettre Marche à suivre Délais à respecter	Introduction présentant son sujet Présentation des avantages Proposition du nouveau produit au client avec conditions d'accès Conclusion tournée vers l'avenir
Formule de politesse	Élaborée et sélective	Réduite
Style	Direct et précis	Simple et suggestif (comparatif et superlatif)

2. À partir du tableau précédent, après une lecture approfondie de la lettre, les apprenants identifient les caractéristiques linguistiques du document :

– nombreux adjectifs, souvent employés dans une tournure comparative ou superlative : *le plus important, le plus diffusé, principaux, privilégié, importants, meilleurs, raisonnable* ;

– présence fréquente d'adverbes qui jouent un rôle argumentatif tout au long de la lettre : *certainement, malheureusement, régulièrement, spécialement* ;

– récurrence lexicale (*francophone, français, France* repris sept fois pour insister sur le thème de la France et de l'éloignement) révélant à la fois l'argument de vente et la cible du message publicitaire ;

– personnalisation du discours, également très caractéristique de la lettre circulaire : le lecteur doit apparaître comme un client privilégié qui se distingue des autres : *je sais que vous faites partie..., nous espérons vous compter*. À ce titre, le passage du « je » (*je sais*) au « nous » (*nous espérons*) témoigne d'un engagement personnel et d'une complicité de la part du journal qui aboutit à l'adhésion finale probable du lecteur, déjà associé à lui et à la petite communauté de clients privilégiés qui ont accepté l'offre ;
– emploi du présent et de l'impératif.

3. Les apprenants doivent ensuite rédiger une lettre circulaire présentant un nouveau produit, par exemple :
– un cédérom interactif de français pour des professeurs de FLE ;
– un agenda électronique pour des chefs d'entreprise.

Afin de préparer les apprenants à cette épreuve de correspondance commerciale du diplôme de *Français des affaires* niveau 2, l'enseignant peut s'appuyer sur le tableau suivant qui réunit les principales tâches auxquelles peut donner lieu la lettre circulaire.

Ressources pédagogiques de la lettre circulaire	Tâches à faire réaliser par les apprenants
Apport d'outils linguistiques	Faire identifier les structures caractéristiques : comparatifs, superlatifs, adverbes
Apport de données culturelles	Faire repérer les marques de personnalisation et de connivence
Apport de données commerciales	Faire identifier la dimension publicitaire (valorisation du produit)
Apport de données sur la communication professionnelle écrite	Faire comparer la lettre circulaire avec la lettre commerciale
Support pour des activités d'expression	Faire réemployer les structures discursives et linguistiques spécifiques dans la rédaction de lettres similaires

L'ensemble de ces activités mobilise au départ la compétence de compréhension écrite destinée à mettre en évidence les outils linguistiques nécessaires à la rédaction des lettres. Cette première étape s'effectue collectivement. Celle de la rédaction se réalise soit individuellement, soit sous forme de simulation entre deux apprenants qui s'échangent des lettres commerciales.

1.8 Lecture d'un écrit à fort arrière-plan socioculturel

Le texte authentique présenté ici constitue pour des apprenants en français commercial un exemple de discours argumentatif. Il s'agit d'un rapport destiné à justifier la situation d'une entreprise à un moment donné en fonction de la situation mondiale. Les arguments reposent sur des constats, des faits, dont les causes ne sont pas nécessairement explicitées.

➢ Le rapport financier de l'entreprise Schneider (année 1995)[1]

La reprise de la croissance mondiale, observée en 1994, s'est développée en 1995 de façon diverse selon les pays.

Les pays européens, qui avaient recouru à des dévaluations compétitives de leur monnaie, ont vu leur économie renouer avec des taux de progression d'activité existant avant la guerre du Golfe, activité provenant principalement des industries exportatrices.

Pour les autres pays, la France et l'Allemagne notamment, la progression du produit national brut et l'investissement n'ont pas bénéficié de cet avantage concurrentiel et les prévisions optimistes des économistes, formulées au début de 1995, ne se sont pas concrétisées.

Aux États-Unis, l'activité du premier semestre 1995 s'est sérieusement ralentie, en raison principalement des conséquences de la crise mexicaine. Le desserrement de la politique monétaire décidée par la Fed[1], début juillet, a produit les résultats escomptés : la reprise de l'activité au cours du troisième trimestre, dans une inflation paraissant bien maîtrisée, laisse aux autorités monétaires américaines des marges de manœuvre, si une nécessité de relance éventuelle venait à se manifester.

Dans ce contexte contrasté, le chiffre d'affaires de Schneider a progressé de 7 % à périmètre et taux de change constants par rapport à l'exercice précédent.

Schneider Electric :

Le chiffre d'affaires consolidé de Schneider Electric au 31 décembre 1995 s'est élevé à 41,9 milliards de francs, soit + 7,9 % par rapport à l'exercice précédent. À périmètre et taux de change comparables, cette progression aurait atteint + 9,5 %. L'incidence de la traduction

.../...

1. Source : service de communication de l'entreprise Schneider.

.../...

en francs français des chiffres d'affaires libellés en devises s'est élevée à 2,2 milliards de francs. Le chiffre d'affaires réalisé en France a évolué assez favorablement (+ 2,5 %). Les mouvements sociaux de fin d'année n'ont pas touché directement l'activité du groupe mais ont vraisemblablement freiné les processus de prise de commandes et de livraison de certains clients. En Europe, la croissance de l'activité s'est maintenue à un niveau très satisfaisant (+ 19,8 % à taux de change comparable), entraînée par des pays comme l'Italie, l'Espagne, la Grande-Bretagne.

En Amérique du Nord, la croissance en dollars s'est élevée à 13,1 % en incluant l'activité Modicon (composante américaine de la société AEG Schneider Automaton). À périmètre et taux de change comparables ; la croissance aurait été de 7,3 %.

L'activité des États-Unis s'est légèrement ralentie au cours de l'exercice, tout en conservant une croissance moyenne sur l'année de 7,5 %.

À l'international, la croissance tirée par la vive progression des facturations en Asie-Pacifique (+ 39 %) a atteint 21,8 % à périmètre et taux de change comparables.

1. Banque fédérale américaine.

➤ Analyse

Le discours produit, et c'est une de ses particularités, notamment par rapport à l'anglais commercial, repose sur des allusions à des événements : *avant la guerre du Golfe, la crise mexicaine, le desserrement de la politique monétaire décidée par la Fed, les mouvements sociaux de fin d'année, la vive progression des facturations en Asie*.

Le lecteur y repère de nombreuses caractérisations justificatives, valorisantes, liées à la confrontation du comportement de l'entreprise avec des faits socio-économiques de portée générale.

Le texte présente une validité locale, ciblée sur une composante précise d'un système ou d'un processus, en l'occurrence l'entreprise Schneider. L'auteur verbalise seulement les faits, les données, comme une série d'arguments mais n'organise pas son argumentation de manière explicite.

Le texte présente en outre de nombreuses chaînes de causalité et des structures marquant la comparaison et l'évolution événementielle.

L'exploitation pédagogique reprend les spécificités suivantes :
– Contenus/informations spécialisés : croissance/exportations, politique monétaire, chiffre d'affaire, mouvements sociaux, bilan/exercice
– Aspects culturels : guerre du golfe, Fed, crise asiatique, crise mexicaine
– Vocabulaire spécialisé : incidence, dévaluation, périmètre...

➤ Déroulement de l'activité

1. L'enseignant engage une réflexion avec les apprenants sur les conditions de production et de diffusion du document.

2. Les événements évoqués allusivement dans le texte et éventuellement peu connus des apprenants sont étudiés séparément à travers des articles ou autres documents ; ces informations complémentaires ont pour but de permettre aux apprenants de saisir les informations sous-jacentes à l'argumentation du rapport.

3. L'enseignant engage une concertation sur le texte afin de faire ressortir le fonctionnement de l'argumentation :

- Informations valorisantes, positives pour l'entreprise :
  – *Le chiffre d'affaires de Schneider a progressé de 7 %.*
  – *Le chiffre d'affaires consolidé de Schneider Electric au 31 décembre 1995 s'est élevé à 41,9 milliards de francs, soit + 7,9 % par rapport à l'exercice précédent.*
  – *Le chiffre d'affaires réalisé en France a évolué assez favorablement (+ 2,5 %).*
  – *En Europe, la croissance de l'activité s'est maintenue à un niveau très satisfaisant (+ 19,8 % à taux de change comparable).*
  – *En Amérique du Nord, la croissance en dollars s'est élevée à 13,1 % en incluant l'activité Modicon (composante américaine de la société AEG Schneider Automaton).*
- Appui de l'argumentation sur des faits économiques et des événements extérieurs :
  – *Les pays européens, qui avaient recouru à des dévaluations compétitives de leur monnaie, ont vu leur économie renouer avec des taux de progression d'activité existant avant la guerre du Golfe...*
  – *Aux États-Unis, l'activité du premier semestre 1995 s'est sérieusement ralentie, en raison principalement des conséquences de la crise mexicaine.*

– Le desserrement de la politique monétaire décidée par la Fed, début juillet, a produit les résultats escomptés : la reprise de l'activité au cours du troisième trimestre, dans une inflation paraissant bien maîtrisée, laisse aux autorités monétaires américaines des marges de manœuvre...
– À l'international, la croissance tirée par la vive progression des facturations en Asie-Pacifique (+ 39 %) a atteint 21,8 %...

- Atténuation des faits contraires à l'argumentation défendue :
– La reprise de la croissance mondiale, observée en 1994, s'est développée en 1995 de façon diverse selon les pays.
– Pour les autres pays, la France et l'Allemagne notamment, la progression du produit national brut et l'investissement n'ont pas bénéficié de cet avantage concurrentiel et les prévisions optimistes des économistes, formulées au début de 1995, ne se sont pas concrétisées.
– Dans ce contexte contrasté...
– À périmètre et taux de change comparables, cette progression aurait atteint + 9,5 %.
– L'incidence de la traduction en francs français des chiffres d'affaires libellés en devises s'est élevée à – 2,2 milliards de francs.
– Les mouvements sociaux de fin d'année n'ont pas touché directement l'activité du groupe, mais ont vraisemblablement freiné les processus de prise de commandes et de livraison de certains clients.
– À périmètre et taux de change comparables, la croissance aurait été de 7,3 %.
– L'activité des États-Unis s'est légèrement ralentie au cours de l'exercice, tout en conservant une croissance moyenne sur l'année de 7,5 %.
- Présentation « objective » des chiffres :
– Le chiffre d'affaires de Schneider a progressé de 7 % à périmètre et taux de change constants par rapport à l'exercice précédent.
– Le chiffre d'affaires consolidé de Schneider Electric au 31 décembre 1995 s'est élevé à 41,9 milliards de francs, soit + 7,9 % par rapport à l'exercice précédent.
– En Amérique du Nord, la croissance en dollars s'est élevée à 13,1 % en incluant l'activité Modicon (composante américaine de la société AEG Schneider Automaton).

4. Les apprenants doivent ensuite retrouver des rapports de causalité présents dans le texte en reliant certains événements (première colonne) avec une information financière (seconde colonne). Ces appariements successifs constituent la trame d'un texte destiné à résumer et reformuler le document d'origine :

Dévaluations compétitives de la monnaie de certains pays européens (Angleterre, Italie)	L'incidence de la traduction en francs français des chiffres d'affaires libellés en devises s'est élevée à – 2,2 milliards de francs. En Europe, la croissance de l'activité s'est maintenue à un niveau très satisfaisant (+ 19,8 % à taux de change comparable), entraînée par des pays comme l'Italie, l'Espagne, la Grande-Bretagne.
Pour les autres pays (France, Allemagne), pas d'avantage concurrentiel à l'exportation	À périmètre et taux de change comparables, cette progression aurait atteint + 9,5 %.
Conséquences de la crise mexicaine au premier semestre 1995	L'activité des États-Unis s'est légèrement ralentie au cours de l'exercice, tout en conservant une croissance moyenne sur l'année de 7,5 %.
Desserrement de la politique monétaire décidé par la Fed début juillet 1995	Le chiffre d'affaires réalisé en France a évolué assez favorablement (+ 2,5 %).

Exemple de production écrite :

... Lorsque certains pays européens comme la Grande-Bretagne ou l'Italie ont dévalué leur monnaie pour rendre compétitives leurs exportations, la croissance de l'activité en Europe s'est maintenue.

Au-delà de la *compréhension* écrite, ces activités peuvent contribuer à préparer un travail de *production* écrite argumentée à partir de tableaux et de graphiques mettant en évidence (et en valeur...) l'activité d'une entreprise donnée.

1.9 La langue de l'école

Pour les élèves nouvellement arrivés en France, l'apprentissage du français est urgent avant tout pour leur intégration scolaire, l'école étant le lieu où ils passent le plus de temps en dehors de leur vie familiale et celui qui représente les enjeux les plus importants. C'est donc autour des situations scolaires que se construit prioritairement un programme de FOS concernant ce type de public.

Les activités présentées ci-dessous[1], et destinées à des élèves d'école primaire, visent deux objectifs d'apprentissage : la compréhension de

1. Tirées des travaux de Nathalie Francols, enseignante en CLIN.

l'organisation de l'école (activité 1), et l'accès aux discours de la classe (activités 2, 3 et 4).

1. Repérer les différentes personnes présentes dans l'école

À partir de photos représentant des élèves, des enseignants, le directeur (la directrice), les femmes de ménage, les aides-éducateurs, chacun dans leurs activités, les élèves discutent avec l'enseignant pour dire qui est qui, ce qu'il fait dans l'école, où il est possible de le voir, à quel moment, etc.

2. Comprendre à qui s'adresse l'enseignant

Les élèves écoutent les énoncés suivants et disent à qui s'adresse le maître ou la maîtresse :

– à un élève en particulier
– à un groupe d'élèves
– à tout le monde

Énoncés :

– Qu'est-ce qu'on pourrait dessiner ?
– Il faut faire les devoirs ce soir.
– T'as fini de travailler ? Les deux exercices ?
– S'il te plaît, arrête, Anaïs.
– Vous rangez vos cahiers de texte.
– Bon, les CE2, sur vos cahiers de texte, les devoirs sont marqués.
– Tout le monde voit la photo ?
– Etc.

Il s'agit ensuite de les amener à repérer les différentes formes utilisées par l'enseignant pour s'adresser aux élèves :

– « tu » pour un élève seul, avec ou sans le prénom ;
– « vous », « on », « tout le monde », une structure impersonnelle « il faut », pour l'ensemble de la classe ;
– « les CE2 » pour une partie de la classe.

3. Repérer les énoncés évaluatifs

Les élèves regardent un extrait d'une leçon de mathématiques de CE2-CM1 au cours duquel il s'agit de tracer des segments. À plusieurs reprises, l'enseignante approuve ou au contraire signale une erreur. Les élèves signalent chaque fois qu'ils entendent un énoncé évaluatif et précisent s'il est positif ou négatif.

En complément de cet exercice, les élèves sont invités à préciser quels énoncés utilise leur enseignant pour leur dire s'ils ont réussi ou non un exercice. Puis un travail plus systématique est fait qui consiste à écouter/comprendre une série d'énoncés évaluatifs et à les classer en deux catégories.

4. Lire les mots du cahier de liaison

Chaque élève sort son cahier de liaison ou de correspondance. L'enseignant leur demande de faire l'inventaire de ce qu'il y a à l'intérieur :
– feuilles collées/feuilles volantes ;
– feuilles imprimées/mots manuscrits ;
– mots écrits par l'enseignant/par l'enfant/par les parents ;
– mots copiés par l'élève, de la part de l'enseignant, et adressés aux parents.

Sont également inventoriés les contenus :
– informations sur des dates de réunion ;
– demandes de rendez-vous ;
– listes de matériel à apporter en classe ;
– remarques sur le comportement de l'élève ;
– punitions.

Divers documents relevant du cahier de liaison sont ensuite distribués aux élèves, qui, par petits groupes, doivent les classer en fonction des catégories vues précédemment. Puis un travail de compréhension plus fin est mené à partir des questions de l'enseignant.

Exemples de « mots » :
– La piscine débutera mardi 1/10. Chaque enfant devra avoir un maillot de bain, un bonnet de bain, une serviette. Prévoir un goûter et un bonnet pour le retour. (Écrit par un élève)
– Dernier rappel : Mathieu doit apporter une attestation d'assurance pour aller à la piscine et participer aux sorties. (Écrit par un enseignant)
– Je souhaiterais vous rencontrer afin de discuter de Farid. Je vous propose ce mardi ou mercredi entre 11 h 30 et 13 h 30 ou après 16 h 30. Merci de bien vouloir me confirmer. (Écrit par un enseignant)
– En raison d'une journée d'information syndicale, je serai absent le vendredi 8 novembre après-midi. En vous remerciant de votre compréhension. Le maître des CE1-CE2. (Écrit par un élève)

À ces activités, viennent ensuite s'ajouter celles qui permettent aux élèves de se préparer à comprendre les différents discours liés aux disciplines étudiées.

Conclusion

Les activités didactiques présentées dans ce chapitre, quels que soient leur objectif et leur forme, font apparaître deux choses :
– d'une part, le lien étroit que cette étape entretient avec les précédentes – analyse des besoins et collecte des données – et qui fait la spécificité de la démarche de FOS ;

– d'autre part, la similitude entre ces activités et celles proposées en français général. Si les contenus notionnels sont propres à chaque programme, ceux-ci sont traités à travers des formes d'exercices plus ou moins familières à tout enseignant de langue.

C'est donc bien dans la démarche d'ensemble que se situe le caractère particulier d'un programme de FOS plus que dans le déroulement de la classe en elle-même.

2. Savoirs linguistiques et savoir-faire langagiers

Comme certaines questions présentes dans les activités qui précèdent l'ont montré, apprendre une langue étrangère va au-delà de la seule acquisition linguistique. Des travaux sur les interactions verbales ont montré que, d'une langue à l'autre, les *comportements langagiers* des individus étaient différents. Dans son étude sur les variations culturelles des interactions verbales, C. Kerbrat-Orecchioni montre qu'une situation aussi ordinaire que l'ouverture d'une conversation téléphonique répond à des règles différentes selon que l'on est allemand ou français. Ainsi, le premier, entendant le téléphone sonner, décroche et se présente immédiatement à son interlocuteur à qui il confirme de cette façon qu'il a bien en ligne la personne qu'il souhaite joindre ; le Français, au contraire, décroche et attend que l'appeleur s'identifie le premier[1]. Si ce dernier ne le fait pas, l'appelé peut même manifester une réaction d'agacement considérant que l'échange ne se déroule pas correctement. C'est bien un *savoir-faire langagier* qui est en cause ici, lequel suppose certes une connaissance des mots mais surtout une maîtrise de l'organisation de la prise de parole.

Il en va de même pour la gestion d'autres types de discours tels que le débat. Certains outils pédagogiques de FLE montrent qu'apprendre à débattre ou argumenter en français ne consiste pas simplement à transférer en français une compétence maîtrisée en langue maternelle. Ils s'attachent à enseigner les différentes manières de construire un argument, de réfuter, etc.[2] Selon leurs habitudes en langue maternelle, les apprenants peuvent retrouver des savoir-faire langagiers qui leur

1. C. Kerbrat-Orecchioni, *Les Interactions verbales. Variations culturelles et échanges rituels*, A. Colin, 1994.
2. *cf.* G. Vigner, *Écrire pour convaincre*, Hachette, 1996.

sont familiers parce que proches des leurs, ou au contraire découvrir des pratiques très différentes.

Le FOS n'échappe pas à cette problématique de la relation entre savoir-faire langagier et savoir linguistique. Nous l'avons évoquée dans l'analyse des besoins, à propos des arrière-plans culturels qui sous-tendent les échanges entre les individus (*cf.* p. 23), et elle apparaît dans certaines activités pédagogiques (*cf.* la consultation d'ophtalmologie p. 100). Nous l'avons également soulignée dans les programmes concernant les prestations orales. Rien ne dit que ces dernières se pratiquent partout de la même manière. Les travaux comparatifs sur ces questions restent encore largement à faire, mais il faut savoir que, dans certaines cultures, les cours magistraux des enseignants ainsi que les exposés des étudiants sont plutôt *lus* que *dits* et que les phénomènes observés dans les corpus analysés p. 85 ou p. 93 ne sont pas universels. Former des étudiants habitués à d'autres types d'oralité suppose donc **d'enseigner non seulement des outils linguistiques mais avant tout la pratique langagière** elle-même, celle qui consiste à ne pas lire un texte intégralement rédigé mais à parler à partir de notes, de plans, en intégrant une part d'improvisation, un contact avec le public, procédures attendues dans une prestation orale en français.

Dès lors qu'il s'agit de toucher à l'expression, orale ou écrite, cette question des savoir-faire langagiers sous-jacente à celle de compétence linguistique apparaît très explicitement. Lorsqu'il prévoit, dans un programme, de faire commenter un tableau de statistiques en français, l'enseignant peut se trouver responsable de deux enseignements : enseigner, d'une part, comment faire un commentaire de tableau (savoir-faire langagier), et, d'autre part, comment le faire avec les outils de la langue française (savoir linguistique)[1]. Tout dépend du degré d'adéquation entre le profil du public et l'objectif à atteindre. Former en français des guides touristiques confirmés ou, au contraire, des étudiants qui n'ont encore jamais pratiqué le métier n'entraîne pas les mêmes exigences. Les premiers peuvent appuyer leur apprentissage linguistique sur leur savoir-faire professionnel, donc sur une compétence langagière en gande partie acquise, tandis que les seconds ont à développer cette compétence langagière en même temps qu'une compétence linguistique ; apprendre par exemple qu'il ne suffit pas de savoir décrire en français un site touristique pour être un bon guide

1. *cf.* C. Parpette « Un exemple d'enseignement de savoir-faire langagier : le discours des statistiques », *Verbum*, tome XVIII, n° 1, 1995-1996, Presses universitaires de Nancy.

francophone, mais qu'il faut également savoir *combiner contenu thématique et connivence, discours savant et discours familier*. Un public professionnel peut posséder les compétences langagières et avoir essentiellement besoin de les transférer en français. En revanche, un public non professionnel apprend en partie des savoir-faire professionnels au moment des apprentissages linguistiques.

Cette double dimension existe également en français général. La rédaction d'une lettre administrative ou d'un article de presse suppose tout aussi bien un savoir-faire langagier. Mais cette exigence apparaît de manière moins explicite parce qu'il s'agit de formes de discours plus familières à l'enseignant de langue. Un programme de FOS, dans la mesure où il conduit souvent l'enseignant dans un domaine inconnu, le confronte nécessairement à des discours nouveaux qui exigent de sa part, préalablement à tout enseignement, *une procédure d'analyse* lui faisant prendre conscience du fonctionnement des discours qu'il aura à enseigner en production orale ou écrite. Qu'il s'agisse de discours simples et relativement familiers tels des ordonnances médicales, ou plus complexes et inconnus tels des comptes-rendus d'expérience de laboratoire, il lui faut s'interroger d'abord sur la construction de ces productions avant d'envisager de les faire pratiquer aux apprenants dans le cadre de la formation linguistique.

C'est à travers ce type de démarche (à laquelle s'ajoutent les contacts avec le milieu concerné, la fréquentation répétée des documents, etc.) qu'un enseignant de FOS, sans jamais certes devenir spécialiste du domaine sur lequel il travaille, en acquiert une certaine familiarité, à des degrés qui dépendent à la fois de la complexité du domaine et de son investissement personnel.

3. Annexe

Analyse des données et élaboration didactique - mode d'emploi

Un préalable : réfléchir avant toute chose à la mise en œuvre des activités avec les apprenants, dans la classe.

❶ Articuler étroitement l'élaboration des activités pédagogiques à l'analyse des données collectées.

❷ Privilégier les activités permettant la participation maximale des apprenants, moteur essentiel de l'apprentissage (répartition en petits groupes, concertation orale pour la réalisation des activités).

❸ Veiller à favoriser les apports des apprenants dans le déroulement des activités.

❹ Adapter les activités aux moyens techniques disponibles : en l'absence de matériel d'écoute, transformer les discours oraux en discours écrits, par exemple.

❺ Ne pas rejeter totalement les discours en langue maternelle si les conditions ne permettent pas d'accéder à tous les discours souhaitables en langue cible.

❻ Nouer ou conserver des contacts avec les acteurs du domaine concerné pour lever les éventuelles difficultés dans l'approche des documents.

❼ Réfléchir aux arrière-plans culturels dans le traitement des documents. Apporter les informations nécessaires en complément des documents traités.

❽ Distinguer les savoir-faire langagiers (la manière de traiter l'information, de dire ou écrire les choses) des savoirs linguistiques (connaissance des structures grammaticales et lexicales).

Réponse à quelques interrogations

Comme cela apparaît tout au long de cet ouvrage, le FOS touche à des aspects très divers de l'enseignement du FLE, aussi bien méthodologiques qu'institutionnels, et génère des questions et des observations récurrentes chez les enseignants ou les étudiants en formation. Les réflexions complémentaires qui suivent tentent d'apporter des éléments de réponse à ces interrogations.

1. À quel(s) niveau(x) envisager les programmes de FOS ?

Est-il possible de prévoir des formations en FOS pour des débutants ? Le FOS n'est-il pas au contraire le dernier degré de formation ? La question implicite qui sous-tend ces interrogations est en fait la suivante : les discours en FOS sont-ils plus complexes que les discours de français général ? Si la diversité des situations relevant de la problématique du FOS est prise en compte, il est évident que la réponse ne peut être ni unique ni catégorique. Elle suit les variables qui constituent un programme de FOS et dépend des domaines professionnels ou des disciplines envisagés, et, au sein de ces domaines, des métiers ciblés, et, *in fine*, des discours à traiter.

1.1 Degré d'exigence linguistique

Il faut distinguer les situations très exigeantes sur le plan du langage de celles qui le sont moins. La formation des agriculteurs ukrainiens est plus rapidement opérationnelle que celle d'étudiants venant suivre des cours de DEA en sciences économiques, par exemple. Il s'agit en effet, pour les premiers, d'échanges dialogués sur des contenus concrets, peu complexes et dotés d'une composante visuelle importante (les lieux, les objets, les machines, les gestes, etc.) facilitant la compréhension réciproque. Les discours que doivent maîtriser des étudiants non francophones dans un cursus universitaire de sciences humaines sont en revanche beaucoup plus exigeants. Ils véhiculent des notions théoriques à travers des énoncés souvent complexes. La dimension visuelle ou gestuelle n'offre pratiquement pas de compensation à la complexité linguistique. Et le caractère collectif d'un cours n'autorise pas l'ajustement de la part de l'interlocuteur que permet le dialogue. Par ailleurs, les agriculteurs auront certes à maîtriser la langue pour faire face aux échanges professionnels, mais ils auront aussi et surtout à agir, à travailler dans les exploitations agricoles, et la dimension langagière ne sera pas systématiquement indispensable. **Les savoir-faire techniques existent indépendamment des savoir-faire langagiers**. Pour des étudiants en sciences économiques, en revanche, **la compétence linguistique est absolument primordiale**. Toutes les activités relèvent du domaine langagier, qu'il s'agisse de suivre des cours, de lire, ou de rédiger des travaux. C'est d'ailleurs la raison pour laquelle il est peut-être relativement plus facile pour un étudiant d'intégrer un laboratoire de recherche qu'un cursus d'études, dans la mesure où les activités ne sont pas uniquement langagières.

Les méthodes de Français de Spécialité pour débutants[1] sont très rares. L'ensemble du matériel pédagogique se situe globalement plutôt à un niveau 2, et au-delà. Dans le matériel existant sur le marché, le domaine abordé au niveau le plus élémentaire est celui du tourisme. Il est en effet constitué de discours dont la proximité avec les dialogues de la vie quotidienne permet une initiation dès le niveau débutant, en empruntant la démarche du français général au niveau 1. Les aspects

1. A. Gruneberg, B. Tauzin, *Comment vont les affaires*, Hachette FLE, 2000 : méthode de français professionnel pour débutants.

traités dans les premières unités de FLE sont transférables – et transférés – sans aucune difficulté à des situations du domaine touristique. Échanges à la réception d'un hôtel, informations dans un office de tourisme, transactions dans une agence de voyages, description de sites touristiques, etc., sont des situations très similaires à celles auxquelles s'attachent les méthodes de français général. Ceci est rendu possible par le fait que les métiers du tourisme traités dans le matériel pédagogique – à savoir ceux qui concernent le contact avec le public (employés d'hôtel, agents de voyages, guides) – ont recours à des discours à forte composante orale autour de contenus familiers à tout le monde. Mais il en va tout autrement lorsque le tourisme est envisagé à travers ses formations universitaires, celles que peuvent être amenés à suivre, par exemple, de futurs cadres du tourisme. Les discours qu'ils ont à maîtriser entrent alors dans la catégorie des discours académiques avec les facteurs de complexité évoqués précédemment.

Il apparaît donc qu'à l'intérieur d'une même branche d'activité, les situations de communication et les discours varient en fonction des métiers ciblés – accueil vs gestion, par exemple – ce qui conduit à des choix différents en matière de formation linguistique. Cela explique d'ailleurs la difficulté à former ensemble des professionnels de la même branche mais de métiers différents.

1.2 Est-il possible de prévoir des programmes de FOS au niveau débutant ?

Il est toujours possible de prévoir du matériel pédagogique qui prenne en compte, dès le niveau débutant, les données de l'analyse des besoins. Mais selon les cas, cette prise en compte sera plus ou moins proche des objectifs finaux de la formation.

Prenons le cas des métiers d'infirmières ou d'employés d'agence de voyages, ou encore celui des agriculteurs ukrainiens. Les dialogues qu'ils comportent peuvent faire l'objet d'un apprentissage par des débutants en français. Une infirmière qui apprend à demander son identité à un patient, à lui poser des questions sur la manière dont il a passé la nuit, à lui donner des conseils ; un agent de voyages qui s'informe sur ce que désire un client, lui décrit des programmes de voyages – autant de dialogues imaginables en niveau 1 – se trouvent presque d'emblée dans les situations ciblées. Le lien entre ces dialogues et leurs objectifs d'apprentissage est très direct.

Dans le cas des juristes cubains qui apprennent le français pour suivre des conférences et des séminaires de droit dans leur pays, la situation est quelque peu différente. La formation peut également être orientée vers l'objectif visé dès le début :

– d'une part, en revisitant les situations et les actes de parole du français général dans le contexte spécifique à ce public : pour *l'identification*, les locuteurs qui se présentent sont juges, avocats, procureurs, etc., *la localisation* se déroule dans des établissements judiciaires, *la description* s'attache aux fonctions et organigrammes du monde judiciaire, *les récits* relatent des faits divers ou retracent des carrières juridiques, etc. Les activités langagières sont conservées mais les contenus sur lesquels elles sont mises en œuvre sont modifiés. Et les situations qui *a priori* ne concernent pas ce public qui n'évolue pas en milieu francophone sont éliminées : transactions dans les magasins, réclamations, discussions à bâtons rompus au café, recherche d'appartement, etc.

– d'autre part, en modifiant la place accordée à chaque aptitude : par exemple, moins de travail sur les interactions dialoguées et une introduction plus rapide et plus massive d'activités de compréhension orale sur des thèmes juridiques abordés de façon simple.

Mais le lien entre les aspects juridiques introduits à ce niveau et l'objectif de la formation est beaucoup plus lâche que dans l'exemple précédent. Il consiste essentiellement à introduire du lexique et à travailler très tôt l'écoute, aptitude principale à faire acquérir. Il est probable que, sur le plan linguistique, ce début de spécialisation dès le niveau 1 permet de se rapprocher plus rapidement des discours à venir des conférenciers. Par ailleurs, cela peut renforcer la motivation de professionnels qui s'engagent dans l'apprentissage du français avec un objectif très précis, et qui ont sans doute besoin de constater de manière claire que le contenu de leur formation linguistique est étroitement corrélé avec cet objectif. Mais le chemin à parcourir reste long et ce contact avec le domaine juridique en niveau 1 est intéressant sans être forcément déterminant.

En résumé, il est toujours possible d'aborder un programme de FOS à un niveau débutant. Selon les cas, il peut s'agir d'une entrée directe dans les objectifs visés, ou, au contraire, d'une simple orientation, d'une coloration thématique ou discursive encore éloignée des objectifs à atteindre. Dans le second cas, la question est de savoir si cela en vaut la peine, dans la mesure où constituer un matériel spécifique est une opération lourde. L'investissement est-il rentable ? N'est-il pas préférable pour l'enseignant d'utiliser une méthode généraliste en début de formation et de consacrer son énergie et son temps à la création d'un matériel spécifique destiné à un niveau un peu plus avancé ?

Par ailleurs, un autre paramètre entre en jeu, qui est celui du lieu d'utilisation du français au-delà de la formation linguistique. Si le français est employé dans le pays d'origine (étudiants suivant des cours en français chez eux, dans le cadre de filières francophones) un certain nombre de situations traitées dans les méthodes généralistes peuvent être éliminées, et l'on peut envisager la formation dans une perspective FOS dès le début, comme dans le cas des juristes cubains. Mais le même raisonnement peut-il être appliqué pour des étudiants suivant leurs cours en France ? En d'autres termes, un étudiant de sciences économiques ou de géologie faisant ses études en France peut-il se passer de l'apprentissage des échanges dialogués de la vie quotidienne et ne développer que les compétences spécifiques à son statut d'étudiant (écoute de cours et rédaction de travaux, etc.) ? La réponse est bien évidemment non. Et il vaut mieux alors envisager une sorte de répartition des tâches de formation entre le niveau 1, consacré à la maîtrise des situations de la vie quotidienne, et la suite de la formation qui, elle, s'attachera aux compétences académiques. Ce n'est pas tant une préoccupation linguistique qui préside à ce choix que la nécessité de répondre à des besoins de différents ordres, parmi lesquels priorité est donnée à la maîtrise des situations de la vie quotidienne.

1.3 Exemples de programmes de FOS pour débutants

A. Préparation d'étudiants archéologues à la communication avec des archéologues francophones sur champs de fouilles

Ces étudiants, en 4e ou 5e année de cursus universitaire, en Jordanie, ayant déjà étudié l'anglais, sont amenés à travailler sur le terrain avec des équipes françaises et ont besoin d'acquérir une compétence en français. Les situations cibles sont presque exclusivement des échanges oraux. La plus grande partie des supports est donc constituée de documents sonores. Les premiers sont des dialogues mettant en scène les interactions sur les lieux de fouilles (unités 1 à 4). Les suivants sont des interviews d'archéologues, sollicités pour la constitution de la méthode,

et quelques extraits de conférences authentiques (unités 5 à 9). Le matériel élaboré[1] se compose de la façon suivante :
– Unité 1 : L'arrivée sur un champ de fouilles
– Unité 2 : La présentation de l'équipe
– Unité 3 : Les activités sur le champ de fouilles
– Unité 4 : Les étapes d'une fouille archéologique
– Unité 5 : Les grandes périodes de l'histoire du Proche-Orient
– Unité 6 : Les premiers temps
– Unité 7 : Un site de l'âge de bronze
– Unité 8 : Pétra
– Unité 9 : Les Omeyyades

L'interaction orale étant la principale compétence visée, les activités de formation ont été construites autour de l'échange d'informations et la concertation entre apprenants (*cf.* les activités décrites p. 82 pour le programme des agriculteurs ukrainiens).
Le contenu de l'**unité 1** se présente de la manière suivante :
– Objectifs communicatifs et linguistiques :
- savoir se présenter et acquérir différentes expressions de salutation
- distinguer le vouvoiement et le tutoiement
- présent et passé composé

– Document support : un dialogue de prise de contact
– Activités : repérage des personnes en présence, jeux de rôles de présentation

Il s'agit du contenu habituel de la première unité de toute méthode de FLE, adapté au contexte des rencontres sur les champs de fouilles.

Les contenus des unités suivantes couvrent les différents aspects concernant un champ de fouilles, d'abord les aspects les plus concrets (les différentes fonctions des archéologues – céramiste, paléobotaniste... – le déroulement d'une fouille, etc.), puis la dimension scientifique (description des sites et interprétation historique). Ainsi, l'**unité 8**, vers la fin du module de formation, concerne Pétra, le site archéologique le plus important de Jordanie :
– Documents supports : deux explications orales présentant des interprétations différentes des constructions hydrauliques trouvées dans

1. Par des étudiants de DESS *Langue française et coopération éducative*, université Lyon 2, (Joëlle Gardette, Carine Burel, Céline Baroux), avec la collaboration d'une archéologue (Geneviève Dollfus), 2001.

cette ville : la première (reconstituée à partir d'un article de revue) les attribue aux Nabatéens, peuple habitant Pétra ; la seconde (authentique, extraite d'une conférence), aux Romains qui ont conquis la région.
– Activités :
- QCM lexical destiné à préparer l'écoute
- exercices de compréhension orale : vrai/faux, questions ouvertes, etc. clarifiant le contenu de chaque document (en deux groupes différents, chacun n'écoutant qu'un seul document)
- concertation entre les deux groupes afin de confronter les deux interprétations, sur lesquelles les étudiants peuvent avoir eux-mêmes une opinion, compte tenu de leur formation d'archéologue.

B. Français de la biochimie

Ce programme a été élaboré pour les étudiants de la faculté de biologie de l'université de La Havane, débutants en français. Il se situe dans le cadre évoqué p. 14 des cours de langue couplés à une discipline dans certaines universités. Ce cas de figure se situe donc à l'opposé du précédent du fait des incertitudes sur les finalités de cette formation en termes d'usage professionnel ou universitaire. Les concepteurs[1] ont fait deux choix précis :
– rattacher les contenus au thème de la biochimie, discipline pivot des différents départements de la faculté de biologie ;
– travailler sur l'hypothèse d'un séjour scientifique en France (université ou laboratoire) avec les situations de communication de base et un équilibre entre les aptitudes.

Sur le plan linguistique, la démarche s'appuie sur la transparence entre l'espagnol et le français (métalangage en espagnol dans les premières unités, élaboration d'un glossaire bilingue des termes spécialisés avec réflexion sur les correspondances).

À titre d'exemple, les sommaires de deux unités sur les huit qui constituent ce module de français de la biochimie pour débutants sont présentés ci-dessous :

Unité 1 :
– Objectif communicatif : se présenter, saluer
– Lexique professionnel : les diplômes et les professions de la biochimie

1. Étudiants du DESS *Langue française et coopération éducative*, université Lyon 2, (Jean-Laurent Pluies, Céline Rey et Delphine Ruggeri), 2002.

– Exemples d'activités :

- Compréhension orale de dialogues de présentation
- Jeux de rôles de présentation dans un laboratoire
- Lecture de cartes de visites (chercheurs, cadres d'entreprises de chimie...)
- Expression orale : analyse de listes de diplômes et de professions liées à la biologie et essai de comparaison avec ceux de Cuba.

Unité 4 :

– Objectif communicatif : décrire une expérience simple, quantifier, caractériser

– Lexique professionnel : le matériel de la biochimie, sa fonction et son fonctionnement, les méthodes de la biochimie

– Exemples d'activités :

- Écoute de la description d'un laboratoire de biochimie avec réponse à des questions de compréhension orale
- Lexique : exercices de définition (chromatographie, spectroscopie, etc.)
- Description de photos d'expérience de biochimie
- Lecture de textes (reconstitués) relatant des découvertes (ex. : *Les Grandes Étapes de l'évolution de la chromatographie*) avec questions de compréhension et travail sur le passé composé
- Expression orale : explication d'une expérience de laboratoire (préparation en binômes)

Nous retrouvons dans ces deux matériels pédagogiques la différence évoquée plus haut. Le premier constitue une entrée directe dans les situations ciblées, du fait de la clarté de la demande et de la possibilité d'effectuer une analyse des besoins précise. De plus, l'activité langagière entre les acteurs d'un champ de fouilles est relativement peu exigeante, dans la mesure où elle ne fait qu'accompagner une activité principale qui est, elle, d'ordre technique. C'est ce caractère limité qui permet de l'aborder dès le niveau débutant. Le second cas entretient en revanche un rapport beaucoup plus lâche avec les utilisations ultérieures du français par les apprenants, celles-ci étant très aléatoires et ne permettant pas une analyse des besoins effective. Les hypothèses formulées concernant l'avenir ont surtout l'avantage d'homogénéiser la formation linguistique, de la rendre plus lisible pour les apprenants en la concentrant autour d'une thématique.

2. Quelles compétences pour l'enseignant de FOS ?

Autant le dire d'emblée, il n'y a pas de réponse simple et définitive à cette question. Le positionnement du FOS par rapport aux domaines auxquels il se connecte est certes globalement stabilisé : un enseignant de français médical ou de français des affaires est bien avant tout un enseignant de langue et non un médecin ou un spécialiste du marketing. Ce principe n'a pas toujours été aussi clairement établi. Dans les années 1970-1980, la question était fréquemment posée du statut de l'enseignant de Français de Spécialité, certains considérant qu'une formation dans la spécialité était nécessaire : pouvait-on enseigner le français juridique sans être juriste ? La prise en main de cours de FOS par des spécialistes de la discipline concernée existe encore ici ou là. Les enseignants sont ainsi en mesure de répondre à toutes les questions des apprenants relevant de la discipline, et de sélectionner en connaissance de cause les sujets à aborder. En revanche, c'est le traitement des contenus et non celui de la langue qui est privilégié, l'enseignant n'ayant pas une méthodologie d'enseignant de langue. Généralement, cela aboutit non pas à un cours de FOS, mais à un enseignement disciplinaire en français. Or un cours de *droit en français* n'est pas un cours *de français du droit*. Le premier vise, globalement, la maîtrise par les apprenants des notions juridiques là où le second travaille à la **maîtrise de la langue nécessaire à l'appréhension des notions**. Les deux formes d'enseignement peuvent néanmoins se rejoindre sur certains points : de nombreuses disciplines accordent une large place au lexique, par exemple, tout comme le FOS. Inversement, un cours de FOS n'est jamais un simple placage linguistique sur des notions maîtrisées en langue maternelle, surtout en sciences humaines, et l'enseignement du lexique ne fait pas l'économie d'un traitement minimal (et parfois plus) du contenu des notions elles-mêmes. Si bien que l'enseignant de FOS, sans jamais devenir un spécialiste du domaine traité, en acquiert généralement, au fil du temps, une connaissance d'amateur. Celle-ci est évidemment très variable en fonction des domaines et tous les degrés sont possibles entre une approche très maîtrisée des contenus et une incompréhension quasi totale : il est plus aisé de se familiariser avec les contenus de l'histoire qu'avec ceux de la mécanique des fluides, avec les discours des agriculteurs ou des agents de voyages qu'avec les écrits théoriques des sciences économiques.

Il reste que **le programme de FOS ne se substitue pas à ce que serait une formation dans la discipline** : le cours de français de l'économie n'est pas un cours de sciences économiques et n'a pas, *a priori*, à traiter de notions économiques nouvelles pour les apprenants. Ce principe concerne tout particulièrement les publics étudiants : le cours de FOS n'est pas censé anticiper sur les concepts qui feront partie du programme suivi par les étudiants, en économie, en archéologie ou autre, à l'issue de leur formation linguistique. L'attitude la plus cohérente consiste à traiter en français les notions qu'ils maîtrisent déjà dans leur langue maternelle. Ce principe, qui peut sembler simple ainsi énoncé, se heurte dans les faits au problème des différences de formation. D'un pays à l'autre, les programmes scolaires et universitaires ne sont pas équivalents. Ces écarts de contenus et d'approche nécessiteraient une mise à niveau scientifique qui n'est pas toujours faite, et les étudiants non francophones sont souvent intégrés dans le système français sans que soit véritablement prises en compte les différences de programmes et d'habitudes de travail entre les systèmes éducatifs. De sérieux problèmes peuvent alors survenir et brouiller les repères en faisant parfois peser sur le programme de FOS une responsabilité d'enseignement des contenus qui n'est pas la sienne. Celle-ci relève en effet de l'université d'accueil à laquelle incombe l'analyse des écarts de formation et la recherche d'une mise à niveau dans la discipline, le rôle du FOS étant celui de *l'accompagnement linguistique*.

3. À quelles conditions institutionnelles la démarche de FOS est-elle viable ?

La plupart des centres de langue proposent actuellement des cours de Français de Spécialité. Ces programmes occupent une place particulière dans l'offre de formation linguistique par la complexité de leur mise en œuvre et, par voie de conséquence, par l'investissement important qu'ils exigent des enseignants et de l'institution.

3.1 Statut et profil des enseignants concernés

La préparation de programmes classiques, dans les domaines par exemple du français des affaires et du tourisme, pose peu de problèmes aux institutions de formation dans la mesure où elles peuvent recourir à des manuels existant sur le marché. L'implication des enseignants sera alors comparable à celle que demande un cours de français général dispensé à l'aide d'un manuel.

En revanche, la mise en place d'un cours « à la carte » nécessite de la part de l'enseignant une implication, une disponibilité et une adaptabilité à la situation d'apprentissage considérables. Cela n'est envisageable que dans le cadre d'un emploi stable et correctement rémunéré, ce qui n'est pas le cas de tous les enseignants. De plus, la spécificité des programmes rend délicate la sélection des enseignants à qui en confier la réalisation. Peu d'enseignants disposent de la formation nécessaire : soit ils ont une solide formation en didactique du FLE ou/et une longue expérience mais aucune formation en FOS ni dans une discipline non linguistique ou littéraire, soit ils ont suivi des études scientifiques, commerciales ou économiques mais ne sont pas spécialistes de FLE, et ne sont parfois devenus enseignants qu'en raison de circonstances fortuites.

L'élaboration de programmes de FOS nécessite de la part des institutions de formation la constitution d'une véritable cellule de ressources à la fois humaines, matérielles et documentaires, encadrée par un responsable (coordonnateur pédagogique, directeur des cours...).

Un centre qui décide d'intégrer des programmes de FOS dans son activité aurait intérêt à mettre en place un plan de formation continue axé sur la didactique du FOS, en recourant à des études de cas et des situations d'enseignement réelles. Par ailleurs, cette programmation suppose une pratique du travail en équipe associant d'une part plusieurs enseignants de FOS et, d'autre part, dans le cas de programmes installés dans des organismes de formation (universités, écoles bilingues par exemple), des enseignants de FOS et des enseignants de disciplines non linguistiques.

Progressivement, ce dispositif devrait pouvoir déboucher sur une **mutualisation des ressources pédagogiques** en interne au sein de l'institution et, plus largement, auprès des autres centres installés dans la même zone régionale. Cette mise en commun peut prendre la forme ultime d'un site web avec présentation d'activités pédagogiques, contenus de formation, forum de discussion et liste de diffusion.

3.2 Réalités géographiques

Étudiants désireux de poursuivre leurs études en France dans une spécialité scientifique, futurs médecins préparant le diplôme de spécialisation pour étrangers, chercheurs agronomes susceptibles de partir dans un laboratoire de recherche français, cadres étrangers d'une grande entreprise française mutés dans la maison mère en France, les cas ne manquent pas d'apprenants dans les centres de langue dont l'objectif d'apprentissage se confond avec le projet d'un séjour professionnel ou universitaire en France. Projet dont la réussite dépend souvent en grande partie de la préparation linguistique[1], c'est-à-dire, dans une large mesure, de l'acquisition des compétences langagières et culturelles nécessaires à l'accomplissement des situations de communication spécialisée que sont censés connaître les apprenants lors de leur séjour en France. D'où l'importance pour les centres étrangers d'accéder aux données issues de ces organismes situés en France. Or s'il est relativement aisé de se procurer des documents écrits, comme ce fut le cas pour le programme de l'unité laitière égyptienne disposant d'une documentation riche liée à ses relations avec la France, il est en revanche plus difficile de se procurer des enregistrements de cours, de conversations, d'entretiens, etc.

Parmi les solutions possibles, signalons le recours aux ressources en ligne sur Internet, le contact téléphonique ou épistolaire, pour peu que les bons interlocuteurs soient identifiés correctement. Ce travail de mise en relation peut être entrepris avec profit par les apprenants eux-mêmes par le biais d'un travail en autoformation tutoré : recherche des contacts dans l'institution française d'implantation, en développant les premiers contacts professionnels établis avant la formation (échanges de lettres, courriels, conversations téléphoniques enregistrées). Les documents et enregistrements collectés sont ensuite classés, traités et exploités par l'enseignant, dans le cadre de la formation ainsi facilitée par l'implication des apprenants qui ont contribué à ce recueil de données. Dans le cas de cours pour des cadres d'entreprises françaises, le recours à des personnes ressources, souvent de passage dans l'entreprise (cadre français en mission d'inspection, affectation dans la filiale étrangère, etc.), est toujours possible. Leur présence permet, par exemple, de réaliser des interviews ou autres enregistrements.

La solution la plus stable consiste à se doter d'une « base-arrière » en France, constituée par les étudiants de Master FLE d'une université

1. Dans les années 1970-1980, des formations de mise à niveau linguistique d'un an, appelées *des années-raccord*, prises en charge par le ministère des Affaires étrangères français ont initié le développement des programmes de FOS à l'étranger.

française. Les liens unissant les centres de langue à l'étranger et certains enseignants unversitaires de FLE en France permettent de mobiliser ces étudiants qui acceptent, dans le cadre de leurs cursus, de participer à des collectes de données en France. Des expériences fructueuses ont déjà été conduites dans ce sens.

3.3 Moyens matériels et documentaires

Le travail de l'enseignant ou du concepteur de programmes FOS est souvent tributaire des contraintes budgétaires de son institution. Il est souvent difficile de faire admettre à un directeur d'institut, secrétaire général ou agent comptable, qu'un cours « à la carte » n'est pas un cours déjà prêt livré clef en main à l'organisme demandeur. Il est indispensable de faire prendre conscience aux dirigeants administratifs et financiers de l'institution de la nécessité d'un temps d'élaboration suffisamment long pour être efficace, intégrant l'analyse des besoins, le recueil et le traitement des données. De même qu'il faut souligner le caractère évolutif de ce programme et les temps d'évaluation par étape nécessitant des modifications de contenus. Ce *travail de conception* ne doit pas être confondu avec la préparation du cours. C'est une tâche différente, supplémentaire, qui doit être traitée, et donc rémunérée, comme telle.

À ce travail de conception qui a un coût certain, s'ajoutent les besoins en matériel (enregistrement, numérisation des données, reprographies, achats d'ouvrages, etc.) qui induisent un tarif plus élevé demandé aux publics.

Conclusion

Ces réflexions n'apportent pas de réponse à toutes les questions qui se posent autour du FOS. Elles ont surtout pour but d'une part de montrer au lecteur qu'elles sont partagées par de nombreux enseignants et, d'autre part, que la notion d'**adaptation** est au cœur de la problématique du FOS. Et cette adaptation est de deux ordres. Elle est d'abord **structurelle**, constitutive des programmes de FOS dans la mesure où ceux-ci se définissent par la réponse à un besoin précis, et à chaque fois différent, de formation linguistique. Elle est également **conjoncturelle** du fait de la diversité des domaines traités, du niveau de départ des apprenants, des lieux d'enseignement, des possibilités de l'environnement linguistique et pédagogique, autant d'éléments qui impliquent, pour chaque projet, de remettre la réflexion sur le métier.

4. Annexe

Exemple de programme complet réunissant toutes les étapes de la démarche : formation d'ingénieurs agronomes égyptiens d'une unité de recherche sur le lait (faculté d'agronomie)

La demande

Origine : unité laitière d'une faculté d'agronomie égyptienne, département autonome chargé de l'expérimentation d'un équipement fourni par la France au milieu des années 1980 et permettant la production industrielle de fromages et de produits laitiers.

Contenu : formation linguistique des chercheurs afin de faciliter les relations scientifiques avec des laboratoires français et d'aboutir à l'envoi en France d'un chercheur chargé d'étudier la mise au point d'un gène favorisant la conservation des fromages.

Calendrier proposé : octobre à mai

Public : sept chercheurs

L'analyse des besoins

Mode d'analyse : une visite guidée de l'unité laitière (machines utilisées, circuit du lait, fonction de chaque chercheur, documentation disponible, type de courrier envoyé et reçu, etc.) et de nombreux entretiens avec les chercheurs (questionnaires, enquêtes sur le parcours de formation, l'apprentissage des langues, les besoins en français dans le cadre professionnel, le rapport à la langue française, etc.), répartis sur deux semaines (septembre).

Résultat de l'analyse des besoins : communiquer les procédures et les résultats des travaux de recherche, échanger des informations, accueillir les visiteurs et présenter l'unité de recherche :
– *À l'oral* : se présenter, décrire le fonctionnement des appareils, discuter de l'état des recherches.
– *À l'écrit* : comprendre la correspondance et la documentation des machines et du matériel d'origine française, rédiger des lettres envoyées en France (demande de documentation supplémentaire, invitations de spécialistes, présentation de sujets de recherche), produire des rapports sur l'état d'avancement de la recherche.

La collecte des données

Lieu de collecte : sur le lieu de formation des chercheurs agronomes (une semaine en septembre).

Documents collectés : enregistrement en arabe d'une visite guidée des installations réalisée par les chercheurs, notices, brochures de chaque machine, correspondances, bons de commande, liste de matériel, demande de résolution de problèmes techniques, lettres, compte-rendu écrit et oral (enregistré) des expériences réalisées ou en cours de réalisation, livres théoriques sur les propriétés du lait, les techniques de production laitière, les affections du lait dues aux maladies de la vache laitière (mammites), revues scientifiques en français (*Cultivar*).

Le traitement des données

Étant donné le niveau des apprenants, de nombreuses données ont été collectées en langue maternelle puis traduites (dont l'enregistrement de la visite guidée des installations).

Test de niveau, positionnement

Organisé sur une semaine (début octobre), le test initial sert à vérifier les prérequis des apprenants, à tester leurs aptitudes, à mesurer l'écart entre cet état initial et les objectifs communicatifs spécifiques, et si ces derniers pourront être atteints durant les cent heures prévues avec les ressources documentaires et pédagogiques mises à disposition des apprenants.

À l'écrit : Rédaction d'une lettre de demande d'informations sur le prix, l'efficacité et les lieux de vente d'une pommade destinée à combattre les mammites de la vache laitière, lettre adressée au fabricant. Une publicité parue dans un ouvrage spécialisé est fournie aux candidats afin de faciliter l'exercice. Huit lignes au maximum sont demandées.

Texte à compléter sur les spécificités du lait maternel.

À l'oral : Écoute d'un discours d'une vingtaine de lignes sur l'évolution de la profession d'éleveur de bovins ; vérification de la compréhension par un exercice vrai/faux. En expression orale, présentation par les chercheurs de leur thème de recherche.

Niveau repéré : un niveau moyen-faible (environ 300 heures de français suivies avant la formation) entre A2 et B1 selon les apprenants.

Le programme

Objectif général : atteindre le niveau B2 de maîtrise générale de la langue (compréhension des informations détaillées des textes et productions orales du domaine d'intérêt des apprenants).

Conditions : 100 heures de cours réparties sur 28 semaines, d'octobre à mai, environ 4 heures par semaine, une dizaine d'heures supplémentaires pour les évaluations.

Progression et composition : le programme se compose de trois parties visant l'assimilation d'outils linguistiques et l'acquisition de savoir-faire langagiers nécessaires aux actes de communication repérés.

Répartition	Objectifs de communication spécialisée	Contenus linguistiques principaux	Supports et activités pédagogiques (exemples)
Partie A : 25 heures, d'octobre à novembre	Se présenter Demander Conseiller Ordonner Évaluer Caractériser Définir	Les présentatifs L'interrogation La négation Le futur Le conditionnel Les pronoms personnels Les adjectifs Les contraires Les comparatifs	Lettres, notices, mode d'emploi, invitations, questionnaire sur les recherches en cours ; Enregistrement d'un entretien téléphonique avec le partenaire français : exercices de compréhension orale et écrite ; Repérage des structures ; Rédactions de lettres sur le même modèle dans des situations simulées (présentation, demande d'informations, etc.) ; Simulations d'entretiens téléphoniques, jeux de rôles, etc.
Partie B : 35 heures, de décembre à février	Se situer dans le temps et dans l'espace Définir Expliquer Décrire Commenter	Prépositions de lieu et de temps Voix passive Verbes pronominaux Chiffres et quantitatifs	Enregistrement de la visite guidée et des installations, plans, schémas : repérage des structures, complétion d'un tableau et d'un schéma, production orale d'une visite guidée, etc. Texte sur les caractéristiques du lait : compréhension écrite, discrimination du lexique spécialisé ; Tableau de fabrication des fromages : expression écrite, rédaction de fiches techniques, définitions et descriptions de fromages, etc.

Répartition	Objectifs de communication spécialisée	Contenus linguistiques principaux	Supports et activités pédagogiques (exemples)
Partie C, 40 heures, de mars à mai	Sélectionner l'information Expliquer Commenter Argumenter Rédiger	Vocabulaire général et spécialisé Synonymes, homonymes et contraires Temps du passé La cause et la conséquence Construction et ordre de la phrase Préfixes, affixes, radicaux Articulateurs, anaphores, etc.	Compte rendu écrit et oral (enregistré) des expériences réalisées ou en cours de réalisation ; Livres théoriques sur les propriétés du lait, les techniques de production laitière, les affections du lait dues aux maladies de la vache laitière (mammites), schémas et rapports, revues scientifiques en français (*Cultivar*) ; Compréhension orale et écrite, repérage des structures, grilles de lecture de textes spécialisés, enregistrement de commentaires d'expériences, rédaction de rapports, etc.

Test d'évaluation finale

– Compréhension écrite : repérage de définitions relatives aux propriétés du lait et complétion d'un texte.

– Expression écrite : rédaction d'une lettre de candidature à un poste d'ingénieur dans une unité laitière, en réponse à une petite annonce d'offre d'emploi.

– Compréhension orale : QCM après l'écoute d'un compte-rendu d'expérience.

– Expression orale : présentation orale d'un élément du dispositif de production laitière (sur la base d'un schéma).

Conclusion FOS et français général, quelles relations ?

Au terme d'une réflexion qui s'est attachée à délimiter de façon pragmatique le champ du FOS et sa méthodologie d'enseignement, il reste à préciser les relations que celui-ci entretient avec le français général. Ces relations se déclinent à travers des différences et des similitudes qui en font les deux faces du Français Langue Étrangère.

Ce qui les différencie

Comme nous l'avons vu au début de cet ouvrage, le FOS s'est historiquement construit en opposition avec les formations linguistiques habituelles. La distinction créée au sein du FLE par la notion de FOS a conduit, par un effet de nécessaire complémentarité, à la création de celle de *français général* désignant toute la partie du FLE qui n'est pas du FOS.

Le résultat de cette différenciation peut être schématisé de la manière suivante :

FRANÇAIS GÉNÉRAL	FRANÇAIS SUR OBJECTIF SPÉCIFIQUE
1. Objectif large	**1.** Objectif précis
2. Formation à moyen ou long terme	**2.** Formation à court terme (urgence)
3. Diversité thématique, diversité de compétences	**3.** Centration sur certaines situations et compétences cibles
4. Contenus maîtrisés par l'enseignant	**4.** Contenus nouveaux, *a priori* non maîtrisés par l'enseignant
5. Travail autonome de l'enseignant	**5.** Contacts avec les acteurs du milieu étudié
6. Matériel existant	**6.** Matériel à élaborer
7. Activités didactiques	

Cette opposition peut se décliner de manière plus ou moins marquée selon les conditions qui entourent l'élaboration de chaque programme. Si l'on compare la situation d'un enseignant cubain assurant des cours de français dans un lycée, à partir d'un manuel ou d'une méthode, à celle de l'enseignant chargé de construire le programme de formation des juristes locaux, en formation continue, au centre juridique de La Havane (*cf.* p. 11), on peut considérer que les termes du tableau ci-dessus s'appliquent dans leur version maximale. En revanche, dans le cas d'un enseignant de français général qui collecte dans son environnement des discours authentiques (interviews, presse écrite) pour les introduire dans ses cours, la distance qui le sépare du FOS sur le point 6 (matériel existant/matériel à créer) se résorbe. De même, un enseignant de FOS coupé des sources de collecte de données (point 5) ou recevant une demande large (« former des médecins chinois », sans autre précision), va se retrouver dans une situation assez analogue à celle d'un enseignant de français général qui aurait décidé d'aborder un thème médical. Il se préoccupera alors davantage des documents disponibles dans son environnement que d'une analyse de situations cibles. La gamme des relations entre français général et Français sur Objectif Spécifique est donc vaste, allant d'une opposition maximale à une quasi-identité. Ce qui peut être représenté de la façon suivante :

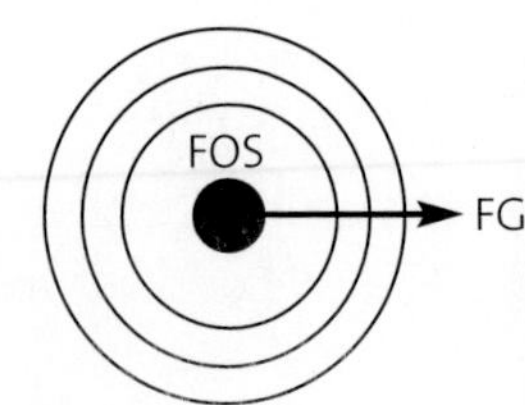

Le cœur de la cible représente la version maximale de la démarche du FOS, celle où, à chaque étape, toutes les conditions de réalisation sont réunies. Les cercles intermédiaires représentent les éloignements de plus en plus importants que peut connaître la mise en œuvre de ce modèle, en fonction des imprécisions ou des impossibilités rencontrées à une étape ou une autre. Le dernier cercle est celui où il ne s'agit plus vraiment de FOS parce que, pour diverses raisons, le programme ne prend plus en compte les objectifs professionnels ou universitaires spécifiques au groupe.

Rappelons, au passage, qu'il est un aspect sur lequel les deux démarches se rejoignent presque totalement, c'est celui des *activités didactiques* (point 7), le FOS n'ayant pas inventé d'activités d'enseignement particulières.

Ce qui les réunit

Si le FOS et le français général s'opposent en termes de publics et d'objectifs de formation, ce qui implique d'indiscutables différences dans la construction des programmes, ils n'en restent pas moins étroitement liés par une approche méthodologique qui, depuis plus de vingt ans, est le fondement déclaré de toutes les méthodes de FLE, à savoir la méthodologie communicative. Et nous reprendrons volontiers à notre compte l'affirmation de J.-P. Cuq et I. Gruca déclarant que « le Français sur Objectif Spécifique (nous) apparaît largement [...] accompagner l'avant-garde puis le triomphe du courant communicatif[1] ».

Les principaux aspects de cette orientation commune peuvent être résumés de la façon suivante :

1. *Un enseignement fondé sur les besoins de communication des apprenants.* Depuis les années 1970, l'enseignement du FLE s'est constitué autour de la réflexion sur les situations dans lesquelles les apprenants seront amenés à utiliser la langue. C'est ainsi que les méthodes généralistes conçues en France ont privilégié les situations de vie quotidienne dans lesquelles tout apprenant non francophone vivant en France ou susceptible d'y venir peut se retrouver : contacts administratifs, amicaux, commerciaux, recherche de logement, achats, loisirs, découverte de faits culturels, petits incidents, etc. Le caractère global du public visé oblige à un balayage large de cette vie quotidienne et des comporte-

1. J.-P. Cuq, et I. Gruca, *Cours de didactique du français langue étrangère et seconde*, Grenoble, PUG, 2002, p. 324.

ments langagiers des locuteurs, sans que soit approfondi un type de situation plutôt qu'un autre. C'est le même principe qui détermine la démarche du FOS et qui sous-tend l'étape d'*analyse des besoins*. La différence par rapport au français général porte sur deux points :

– d'une part, le déplacement vers les champs professionnel ou académique ;

– d'autre part, une délimitation plus stricte des besoins d'apprentissage et un alignement très explicite du programme de formation sur ces besoins.

2. *Le développement, au-delà d'une compétence linguistique, d'une compétence de communication.* La didactique du FLE se donne pour principe de mettre la compétence linguistique en relation avec les paramètres de la communication, lieu, profil des locuteurs, relations interpersonnelles, enjeu des échanges oraux ou écrits, etc. D'où le parti pris de diversifier les locuteurs et les situations et donc les discours introduits dans les méthodes. Le FOS opère de la même façon en construisant son matériel d'enseignement autour des situations de communication orale ou écrite propres au champ étudié, et seulement celles-là, ce qui le conduit à traiter les faits linguistiques en fonction des besoins de ces situations. D'où l'importance que revêt, par exemple, l'étude des expressions d'incertitude dans le discours archéologique (*cf.* p. 103), laquelle serait hors de propos dans les discours des sciences exactes.

3. *La prise en compte de la dimension culturelle.* Présente en français général sur divers plans, à travers la variété sociologique des locuteurs, les questions de société abordées dans les documents et les discussions, etc., la préoccupation interculturelle est aussi présente en FOS dans la mesure où la plupart de ces programmes visent à intégrer, à brève échéance, les apprenants dans un environnement français ou francophone déterminé. Cette dimension culturelle peut concerner des données diverses : informations socio-économiques et politiques européennes pour les agriculteurs ukrainiens, relations professionnelles pour les cadres d'entreprise, habitudes de travail dans l'université pour les étudiants, relations médecins-patients dans le monde médical, etc.

4. *Le recours aux discours authentiques.* La recherche d'une plus grande authenticité a été l'axe principal de la méthodologie communicative : authenticité des situations mises en scène, des échanges verbaux, des faits culturels abordés, par le biais d'une refonte des dialogues et l'introduction de documents authentiques, publicités, articles de presse, photos, BD, etc. Le concepteur d'un programme de FOS est confronté à des situations nouvelles, souvent inconnues. Celles-ci ne peuvent donc être imaginées, recréées à partir d'un vécu personnel, ce qui conduit la démarche en FOS à pousser très loin la recherche de données authentiques, à travers la phase de *collecte des données,* et à en faire le support essentiel du matériel pédagogique.

5. ***Le traitement de la langue par aptitudes langagières.*** L'oral et l'écrit, la réception et la production ne sont pas intrinsèquement liés. Ils dépendent, séparément, des besoins de communication des apprenants. Le français général met en avant, aux premiers niveaux, l'apprentissage de l'oral, du fait de la priorité accordée aux situations de vie quotidienne dans un environnement francophone. L'écrit intervient non pas en calque de l'oral mais en fonction de besoins liés aux situations choisies, écrits fonctionnels de la vie quotidienne, courrier, presse, etc. Si les *méthodes* tendent à traiter les quatre aptitudes de façon plus ou moins équilibrée pour répondre à des besoins divers, la séparation des aptitudes est en revanche totalement à l'œuvre dans les supports pédagogiques « périphériques », puisqu'il s'y trouve des ouvrages destinés à une seule aptitude, qu'il s'agisse de l'écoute ou de la prise de parole, de la lecture ou de l'écriture. De la même manière, le FOS privilégie délibérément certaines aptitudes en fonction des objectifs prioritaires et des contraintes temporelles. De la pratique quasi exclusive de l'oral dialogué (pour les personnels d'accueil) à la seule compétence de lecture (pour le chercheur éloigné du milieu francophone), en passant par la nécessité d'une compétence poussée en compréhension orale, lecture et production écrite (pour les étudiants), la diversité est grande. Et le poids accordé à telle ou telle aptitude dépend strictement des formes de discours présentes dans les situations ciblées.

6. ***Le développement des échanges entre les apprenants au sein de la classe.*** L'approche communicative a pour principe d'introduire le plus possible dans la classe un fonctionnement des échanges similaire à celui qui prévaut en situation naturelle. La part des échanges enseignant-apprenants – fondés essentiellement sur la question pédagogique et les explications de l'enseignant – est par conséquent diminuée au profit des échanges entre apprenants. Cela passe par une organisation différente du travail : distribution de deux ou plusieurs documents dans le groupe au lieu d'un seul, de manière à amener les apprenants à échanger en sous-groupes les informations recueillies ; concertation entre les apprenants pour réaliser une tâche (écriture d'une lettre, préparation d'une interview), débat, etc. Le FOS réinvestit largement ces démarches, et ce pour deux raisons :

– d'une part, les apprenants ayant souvent une expérience supérieure à celle de l'enseignant dans le champ professionnel traité, ils sont en mesure d'alimenter une partie des cours par leurs propres informations ;
– d'autre part, les temps impartis aux formations étant souvent très courts, il est essentiel de développer des pratiques de classe les plus rentables possible en termes d'apprentissage.

Le grand intérêt du FOS sur le plan méthodologique réside, à notre sens, dans la cohérence, **le lien *explicite* qu'il établit entre besoins des apprenants et objectifs de cours**. Les besoins permettent en effet de délimiter clairement un espace particulier à étudier dans le champ immense que constitue le français ou toute langue quelle qu'elle soit. L'enseignement généraliste de la langue, par son absence de besoins à court terme, gagne en liberté de manœuvre – il peut balayer un champ plus étendu parce que moins contraint – mais risque aussi de perdre en cohérence dans l'esprit des apprenants, en particulier chez les élèves « captifs » de l'enseignement scolaire, dans la mesure où des objectifs larges rendent plus difficile la justification des choix de cours. Ce qui n'est pas sans effet sur la motivation. Mais ce lien entre besoins « extérieurs » identifiables et objectifs de cours, qui donne une légitimité, une lisibilité forte aux formations en FOS, peut également être mis en œuvre dans les formations généralistes.

En effet, l'absence de besoins extérieurs explicites n'empêche pas l'enseignant de se donner des objectifs de réalisation linguistique *précis* et *à court terme*. C'est ce que recouvre la *pédagogie de projet* adoptée dans certains lieux pour (re)motiver des apprenants peu intéressés par le cours de langue : décider, par exemple, de réaliser un journal en langue étrangère dans un délai déterminé engendre une démarche de travail qui s'apparente à celle du FOS. L'objectif affiché conditionne les contenus des cours. Une fois les sujets des articles du journal décidés par les apprenants – interviews, courrier des lecteurs, récit des événements du collège, description du projet de rénovation de la bibliothèque ou de la cantine, etc. – le programme de cours est organisé de manière à réaliser cette tâche : étude des différentes formes textuelles, analyse des mécanismes de transposition de discours oraux en discours écrits (pour les interviews) avec un travail de traduction si la formation a lieu dans le pays d'origine, hors de tout environnement francophone (ce qui est majoritairement le cas pour l'enseignement scolaire). L'activité orale sera développée à travers la concertation nécessaire entre les apprenants pour l'élaboration du journal (qui fait quoi ? comment fait-on